正义与幸福

JUSTICE AND HAPPINESS

周濂 ◎ 著

中国人民大学出版社
·北京·

序言

英国哲学家乔纳森·沃尔夫（Jonathan Wolff）在《政治哲学绪论》（*An Introduction to Political Philosophy*）中开篇就说，政治哲学只需回答两个问题："谁得到了什么？"以及"谁说了算？"。[1]如果把这两个日常表述改写成专业术语，那么"谁得到了什么？"涉及"分配正义"的问题；"谁说了算"涉及"政治正当性"和"政治义务"的问题。这两个问题，恰好是我最近十年研究的主题，以及我在十年前研究的主题。

2008年出版完《现代政治的正当性基础》，我就彻底放下了政治正当性和政治义务的问题，把研究重点转向了社会正义理论。过去十年，拉拉杂杂写了不少论文，如果要在其中找到一个融会贯通的线索，除了"正义"这个关键词，思来想去，应该就是"幸福"了。当然，正义与幸福是两个本质上就充满争议的超级概念,我并不打算对它们做全面的概念分析和观念史考察,而是更倾向于从一些特定的问题意识出发,探讨它们在当代语境下具有的概念关系。

在收入本书的九篇论文里,《政治社会、多元共同体与幸福生活》最早成稿,但是把它作为全书的最后一章却最合适,因为它反映出我迄今为止仍然坚持的一个问题意识:让现代政治社会(民主制度)为每个个体提供现成的幸福乃是一个"范畴错误",在现代性背景下,如果想成就一个完整的社会,政治自由主义必须要和多元的伦理共同体结合,前者确保个体在制度上不被羞辱乃至赢得自尊,而后者则承诺安全性、确定性、可靠性乃至幸福本身。

我认为这是身为现代人不得不接受的一个基本判断。当我写下"不得不"这三个字的时候,既想传达出某些遗憾之情,更想表明这是"事出必然"。遗憾之情的意思是说,无论是古希腊的城邦生活还是中世纪的宗教生活,甚至是当代的某些政教合一的国家,它们都给个体提供了一套完整的生活方式,一言一行、一举一动都被紧紧地包裹在一个由血缘、宗法、习俗和道德构成的政治共同体中,哪怕这意味着个体几乎没有私人生活的自由。但在一定的意义上,它会让你的生活变得简单扎实,充满了确定感和意义感。这种生活方式的丧失,让很多人对现代性充满了怨念之情,但我认为这是事出必然,不得不如此。罗尔斯在《正义论》中说:"虽然作为公平的正义允许在一个秩序良好的社会中承认卓越的价值,但是对人类至善的追求却被限制在自由结社原则的范围内……人们不能以他们的活动具有更大的内在价值为借口,利用强制的国家机器来为自己争取更大的自由权或更大的分配份额。"[2]反对动用强制的国家机器来实现卓越的价值,坚持把人类至善的追求严格限定在基于结社自由原则的多元共同体之内,这正是进入异质化的、大规模的现代陌生人社会的一个逻辑后果。在赋予个体追求幸福的权利的同时,意味着个体必须具备追求幸福的能力,并且承担起相应的后果和责任,这会让个体生活特别是追求幸福的过程变得崎岖坎坷,但是我认为,这是一个必须要付出的也是值得付出的代价。

在这个基本思想的指引下,我试图站在当代自由主义(也称高级自由主义)的立场,与自由主义家族内部的其他成员(自由意志主义、古典自由主义以及晚近以来出现的新古典自由主义)进行对话,与此同时,也尝试回应来自社群主义者、共和主义者乃至保守主义者的挑战。这部分的思考反映在第三章"哈耶克与罗尔斯论社会正义"、第六章"古典共和主义与政治自由主义的一致性"、第七章"哈耶克为什么不是一个保守主义者?"和第八章"自由市场是公平的吗?"中。细部的讨论请读者们自行阅读各个章节,我在这里只想表明写作时的一些基本思路。我希望做到在差异性中寻找一致性,而不是在一致性中寻找差异性,比如我希望厘清哈耶克与罗尔斯的一致性、桑德尔与罗尔斯的一致性,然后再去追问他们到底在哪里发生了分歧、如何评价这种分歧。这么做的动机在于,我发现,在中国语境下探讨政治哲学问题,往往会因为小群体的身份认同加上辩论中的立场激化,而把在西方背景下也许只有30%的理论分歧夸大到70%的程度，然后在解释当代中国的问题时，果然也就只剩下不到30%的共识。

基于类似的考虑，我想再次重申自由与平等之间的相容性而非矛盾性。无须讳言，在今天的中国学界，较有影响力的自由主义者多数认同哈耶克和诺齐克而不是罗尔斯。这一方面是因为在自由主义最初引入中国时，主要的阅读文本是哈耶克、弗里德曼等人的著作，另一方面是因为政治经验和历史记忆使然，由此认定守夜人式的国家或者最低限度的国家才是最具现实意义和相关性的国家观。在一些学者看来，但凡谈论国家能力就是在主张国家主义，但凡谈论平等价值就是在主张平均主义，就是在戕害自由。我认为这些反应在情绪上是过激的，在理论上也是站不住脚的。自由与平等并不必然存在对立关系，我个人非常认同德沃金的这个判断，任何一种具有可信度的现代政治理论都分享着同样一种根本价值——平等，即使是效益主义、自由意志主义以及社群主义，也都主张政府应该平等地对待其公民，也即"每个公民都有获得平等关照和平等尊重的权利"，它们之间的差别只在于如何进一步地诠释这个抽象的平等理念。[3] 如果我们接受以上论断，那么高级自由主义者的核心主张——让分配结构满足"敏于志向，钝于禀赋"的标准——无疑是最符合自由主义的基本特征的，它强调了"自由选择"在人之一生中所扮演的重要性，尽可能地减少各种道德任意元素所导致的不平等。至于罗尔斯和诺齐克谁更具有现实相关性，我认为前者的"字典式排序"原则已经非常明确地告诉我们,在限制政府权力特别是在确保公民自由和政治自由这一底线上,罗尔斯与诺齐克是同一个阵营里的战友而非敌人。但是,有别于自由意志主义者和古典自由主义者,我不认为国家仅仅是"必要的恶",我相信国家可以在法治、公平和正义问题上有所作为,为公民提供自尊的社会基础或者幸福(繁荣)的必要条件,虽然这些工作顶多能够成就一半的社会,但是如果能够做到这一点,已然善莫大焉。

罗尔斯曾经指出:"分配正义的主要问题是社会制度的选择问题。"[4]很长一段时间以来,当代英美政治哲学沉浸在政治理想的勾勒和概念细分的纠缠之中,忽视了制度层面的安排。本书第四章"财产所有的民主制:理论与现实"、第五章"正义第一原则与财产所有的民主制"正是对这个看似不够哲学实则非常根本的问题的探究。当今的美国右派(无论是传统的保守主义者还是自由意志主义者)指责福利国家制造了太多不负责任的个体,从根本上违背了自由主义的精神,因此主张重返立国时期的理想,重新祭出基督教和自由放任资本主义这两面大旗;与此相对,当今的美国左派(也就是当代自由主义者)则在批判全球资本主义的同时,逐渐放弃社会正义和经济平等的议题,突进到多元文化主义、公民资格理论以及身份政治的领域,试图在社会乃至私人生活层面更加全面地落实平等价值。我认为前者在逆潮流而动,后者的步子迈得太大,相比之下,罗尔斯的"财产所有的民主制"也许能够给这个左右为难的时代提供一些启发:它在价值承诺上更接近右派——试图确保所有公民都能够"自己管理自己的事务"，最终造就有尊严和负责任的公民；但在方法上则是左派的思路——通过遗产税和赠与税等手段来重新配给社会资源，为民主社会的公民实践两种道德能力提供适当的社会平等和经济平等的基础。虽然我对"财产所有的民主制"的具体论证过程始终心存疑虑，但我认为这是一个值得重视的制度主张，因为它不仅涉及如何正确地理解罗尔斯的正义理论——罗尔斯到底是自由放任资本主义的支持者还是福利国家的支持者，更重要的是，它为我们提供了一种新的制度想象。

但无论是哪种制度想象，我认为都不能无视现代政治的基本模式：这是一个合乎权利的秩序而不是一个合乎自然的秩序。这也是我在本书第一章"合乎自然的秩序与合乎权利的秩序"和第二章"没有本体论基础的人权理论"处理的核心主题。通过这两章我意在指出，正像从自然正当到自然权利的转换存在着逻辑上的必然性，从古典政治哲学到近现代政治哲学同样存在着逻辑上的必然性，表面的断裂无法遮蔽内在的连续性。进一步来说，权利概念既非现代人的虚构，也无须奠基于某一特定的形而上学理论之上，在后形而上学的现代西方语境下，若想为权利提供一个合理化论证，戴有亚里士多德面具的权利理论或许是一个富有前景的研究方向，它将帮助我们建立一种以保障基本权利为基础、以实现人类繁荣为目的的社会。借用我在第九章的结语做个总结：民主制度（政治社会）与多元共同体无论在理论上还是现实中都是相容的，它们各自成就一半的社会，前者保障正义和制度上不羞辱任何人，后者承诺更多的确定性和幸福。这或许是常态政治中最相关和最可欲的一个选择。

本书的若干章节曾经先后发表在不同的学术期刊上。第一章以《合乎自然的秩序与合乎权利的秩序》为题发表于《哲学研究》2009年第12期。第二章以《后形而上学视阈下的西方权利理论》为题发表于《中国社会科学》2012年6月号。第三章以《哈耶克与罗尔斯论社会正义》为题发表于《哲学研究》2014年10月号。第四章以《财产所有的民主制：理论与现实》为题发表于《世界哲学》2016年第1期。第五章以《正义第一原则与财产所有权的民主制》为题发表于《中国人民大学学报》2015年第1期。第六章以《古典共和主义与政治自由主义的一致性：对桑德尔的几点回应》为题发表于台湾《哲学与文化》2012年8月号。第七章以《哈耶克为什么不是保守主义者？》为题发表于《哲学研究》2017年第8期。第八章以《自由市场是公平的吗？——评以约翰·托马西为代表的新古典自由主义》为题发表于《中国学术》第40期。第九章以《政治社会、多元共同体与幸福生活》为题发表于《华东师范大学学报》2009年9月号。

在写作过程中，我与不少政治哲学界的同道做过各种交流和讨论，我要感谢钱永祥、慈继伟、陈宜中、刘擎、周保松、许纪霖、段忠桥、姚大志、陈晓旭、曹钦、王艳秀等师友给我的启迪和帮助。与此同时，我也陆续得到了中国人民大学"面上项目"基金、中国人民大学"明德青年学者"和"杰出人文学者（青年学者）"等项目的支持，以及霍英东教育基金会第十二届高等院校青年教师基金基础性研究课题的资助，在此一并表示谢意。中国人民大学出版社的编辑沈小农先生、费小琳女士和陈曦女士全力配合本书的出版，并对文稿提出了不少宝贵的意见，对于他们的支持致以衷心的感谢。我还要向陈凌云先生和王家胜先生特别致谢，没有你们的帮助，我很难想象这本书能以这么快的速度面世。

最后我想感谢我的父母和妻女。我曾经和朋友说，应该这样来写这本书的献词："献给我的女儿，如果没有你，这本书会提前五年出版。"这当然是玩笑之语。事实上，正是因为有了她，让我更加确定幸福是可能的，也正因为此，愈发认识到为了使幸福可能，就必须确保正义是可能的。

周　濂

注释

[1]　沃尔夫. 政治哲学绪论. 龚人，译. 香港：牛津大学出版社，2001：1.
[2]　RAWLS J. A Theory of Justice. Cambridge, MA: Harvard University Press, 1999: 289.
[3]　参见金里卡. 当代政治哲学. 刘莘，译. 上海：上海译文出版社，2011：4.
[4]　同 [2]242.

目录

1. 合乎自然的秩序与合乎权利的秩序 …………… 01
2. 没有本体论基础的人权理论 …………… 25
3. 哈耶克与罗尔斯论社会正义 …………… 53
4. 财产所有的民主制：理论与现实 …………… 85
5. 正义第一原则与财产所有的民主制 …………… 113
6. 古典共和主义与政治自由主义的一致性
   ——对桑德尔的几点回应 …………… 143
7. 哈耶克为什么不是一个保守主义者？ …………… 163
8. 自由市场是公平的吗？
   ——约翰·托马西与新古典自由主义 …………… 191
9. 政治社会、多元共同体与幸福生活 …………… 219

参考文献 …………… 247

1. 合乎自然的秩序与合乎权利的秩序

为说明正义与善的关系，列奥·施特劳斯（Leo Strauss）在《自然权利与历史》（*Natural Right and History*）第四章"古典自然正当"中看似漫不经心地举了一个例子："一个大孩子有一件小外套，一个小孩子有一件大外套。大孩子是小外套的合法拥有者，因为他或者她的父亲买了这件外套。可是，这件外套对他（她）来说并不好，不适合他（她）。"同样，大外套对于小孩子来说也不合适，应该如何处理这件事情？施特劳斯说："明智的统治者就会从小孩子那儿把大外套拿走，给了大孩子，而丝毫不考虑什么合法所有权的问题。"理由是"公正的所有权（just ownership）与合法的所有权（legal ownership）是完全不同的两回事。如若真有正义存在的话，明智的统治者就必须**给每个人分**

派他真正应得的东西,或者**依据自然对他而言是善的东西**。他们只会给每个人他能够很好利用的东西,而且会从每个人那里拿走他不能很好利用的东西。这样,**正义(justice)**与一般所认为的**私有权(private ownership)**就是不相容的"。施特劳斯的结论是:"正义就等同于在这样的社会中的成员身份并献身于这样的社会——**一个合于自然的社会**。"[1]

施特劳斯没有指名道姓,仿佛这只是一个信手拈来、随意杜撰的例子。然而这个故事其实大有来历,其原始出处是色诺芬(Xenophon)的《居鲁士的教育》(*The Education of Cyrus*)。令少年居鲁士在学习判案的过程中犯错而挨了鞭子的正是这个案例。那个大孩子把小孩子的大外套扒下来,把自己的小外套给了那个小孩子,少年居鲁士判定这是一个两全其美的做法,因为双方都得到了最适合自己穿的外套。可是正像少年居鲁士所说:"我的师傅把我打了一顿,他说,我所做的裁决只是根据哪个合适、哪个不合适,而我应该做的是判定那件大一点的外套应该属于哪个孩子。这样就要考虑谁拥有这个权利(who had a right to it),是那个凭借自己身强力壮就把那件衣服抢到手的人呢?还是那个本来就拥有并且是花钱买来那件衣服的人呢?师傅曾经告诉我说,**合乎法律的才是公正的,而超越法律借助于暴力就是卑鄙**。所以,他这样对我讲,做裁判的人始终要明确,他的裁定必须符合法律。"[2]

很难想象对色诺芬作品稔熟于胸的施特劳斯没有读过《居鲁士的教育》,那么他为什么刻意隐去出处,并且做出与原文截然不同的诠释呢？这是一个饶有意味的话题。不过我们不拟揣测施特劳斯的写作动机，而是尝试分析施特劳斯的解读路径与《居鲁士的教育》的文本原义以及大卫·休谟（David Hume）《道德原则研究》（*An Enquiry Concerning the Principles of Morals*）中的观点之间的差异，由此出发探讨古典政治哲学与现代政治哲学迥异的政治哲学理解。限于篇幅，我们将处理以下三个问题：首先，我将指出施特劳斯所激赏的古典政治哲学主张一种"合乎自然的秩序"，它预设存在一个"仁慈＋智慧"的"上帝"视角，而现代政治哲学则主张"合乎权利的秩序"，也就是从"个体"视角去想象和理解政治世界及其秩序。其次，施特劳斯对于约翰·洛克（John Locke）的批判基于非常"独特"的自然法理解，与自然法传统的主流理解存在极大差异，而这又将把我们带向第三个论题，施特劳斯认为"（哲学家的）智慧与（不智者的）同意相调和"是区分原初的自然正当与次生的自然权利之间的哲学根源，承认不智者的同意的必要性"就等于承认了不智慧的权利，亦即一种非理性的权利"。[3] 对此我将证明，无论在道德哲学的传统还是自然法的传统里面，智慧都必须与同意调和，这种调和不是权宜之计或者无奈之举，而是道德哲学的本性使然，更进一步，我们甚至可以说智慧必须与同意"同一"，也正是在此意义上，从自然正当过渡到自然权利也就有其逻辑的必然性。

一、上帝的视角抑或个体的视角？

施特劳斯之所以对少年居鲁士大加赞赏，其主要理由是后者作为一个明智之士，"给每个人分派他真正应得的东西，或者依据自然对他而言是善的东西"。也就是说，当大孩子得到了大衣服——无论其手段是否暴力，小孩子得到了小衣服——不管他有多么不情愿，这样的秩序是各得其所、符合自然的。

"合乎自然的秩序"如果可能，就必须从一个"整体主义的视角"去综观人类政治生活的方方面面。不仅如此，这个视角还应当知道每一个人在城邦和宇宙中真正所处的位置、他们各自的能力与价值，唯其如此，才有可能做到"各尽所能，按绩分配"（from everyone according to his capacity and to everyone according to his merits）[4]。对此，施特劳斯并不讳言这就是"上帝统治着的宇宙，那就是唯一的真正的城邦，或者说那是纯然合于自然的城邦，因为它是唯一纯然正义的城邦"。[5] 一言以蔽之，这样的政治秩序必然只能依靠"仁慈＋智慧"的"上帝之眼"来照看之、维护之。

然而问题在于，上帝的智慧并不能直接为凡人所知，那些接近上帝（神）的人——也即哲学家——的智慧与凡人的利益、偏好和权利常有冲突，因此在实现"合乎自然的秩序"的过程中，暴力与欺骗就是不得不然的选择。施特劳斯坦承："在下降到洞穴时，哲学家得承认，那本然的或者说出于自然就是最高尚的东西，并非是人类最迫切需要的，人类本质上乃是一种'介于其间'的存在物——介于禽兽与众神之间。"[6]因此为了实现正义，柏拉图（Plato）在《理想国》（*The Republic*）中选择欺骗（高贵的谎言），少年居鲁士则默许暴力，虽然手段欠妥，但因其目的正当，在施特劳斯看来似乎都是可以被辩护的。

按施特劳斯的理解，在合乎自然的社会中私有财产权是没有位置的，这个观点矛头直指洛克以降的自由主义以及资本主义的拥趸。耐人寻味的是，居鲁士的师傅虽与洛克的立场相距甚远，却也不吝为私有财产权辩护，他认为私有财产权是"合乎法律的"，"而超越法律借助于暴力就是卑鄙"。

居鲁士师傅的这个论证简单明了，但存在明显漏洞：首先，它把法律与暴力置于对立的两极，没有认识到二者复杂的依存关系。在《回忆苏格拉底》（*Memorabilia*）中，青年阿尔西比亚德（Alcibiade）向已近暮年的伯里克利（Pericles）请教法律和暴力的关系，伯里克利提出："一个人未经另一个人的同意而强制他去做的任何事情，不管他是否用明文制定出来，都是暴力而不是法律。"阿尔西比亚德机敏地回应说："那么，当全体人民比富有阶级强大的时候，他们未经富有阶级的同意而制订的条例，也都是暴力而不是法律。"[7]正如埃里克·布策提（Eric Buzzetti）所言，这一对话暗示我们，"最好的政治秩序都无法完全摆脱对武力的仰仗"。[8]多数人的暴政与少数人的暴政都是暴政，人数上的多寡并不能伪饰其暴力的实质。

其次，按照《居鲁士的教育》的文本暗示，居鲁士师傅所说的法律并不属于神圣法或者自然法，而更接近习俗或城邦法：当少年居鲁士陈述完师傅的教诲，自诩"已经完全掌握了公正的问题"，他的母亲意味深长地告诫他："可是，在你外公的宫廷里，大家都认为是公正公平的事情，在波斯却并不都是这样认为的。"[9]如果私有财产权不受神圣法或者自然法的保护，那么它就并非"神圣不可侵犯"，以暴力侵犯私有权在某些时候就是可以被证成的。后世哲学家要想赋予私有财产权以神圣不可侵犯性，就必须为私有财产安上"天赋权利"的名头，而这意味着把"合乎自然的秩序"转换成"合乎权利的秩序"，唯当私有财产成为不可转让和剥夺的"天赋权利"或者"自然权利"时，暴力掠夺才是真正恶的。否则就会面临施特劳斯的那个挑战，在合乎自然的政治世界里，"公正的所有权与合法的所有权是完全不同的两回事"。

回到阿尔西比亚德与伯里克利的对话，按照布策提的分析，这表明"处于'法律'之下的政治社会同'暴力'之下的社会没有本质的分别，只是程度上有所不同而已。……如果将法律与暴力单纯对立起来的做法是不可取的，那么我们就被迫面临两个选择：要么留存'法律'，但这些法律并不比暴力高贵到哪儿去；要么我们坚持认为，只有当法律更高贵时才堪称法律，否则世上就不会有法律"。[10]布策提的上述观点反映出"政治现实主义"与"超验主义"之间的逻辑一致性：除非法律和正义的来源是绝对神圣的，否则法律、正义就和暴力没有本质区别，在超验的维度下"程度上的不同"是可以忽略不计的。

姑且不论布策提的论证是否成立，他的确揭示出"以同意为基础"的法律仍旧无法彻底摆脱暴力这一事实。换言之,"同意"并不天然就比暴力更正当。关于"同意"的不正当性还可以参考施特劳斯的下述观点:哲学家在下降到洞穴之时,"他们预先就知道,为了对城邦有用或有益,就必须修正或淡化对于智慧的要求。如果这些要求就等同于自然正当或自然法,那么,**自然正当或自然法就必须淡化,以与城邦的要求相匹配。城邦要求将智慧与同意相调和。**然而,承认了同意亦即不智者的同意的必要性,就等于承认了不智慧的权利,亦即一种非理性的权利"。[11]施特劳斯接着指出:"**必须淡化自然正当以与公民社会相容融的这种观念,乃是后来在原初的自然正当与次生的自然权利之间进行区分的哲学根源。**与这种区分相联系的是这样的观点:原初的自然正当排除了私有财产和其他的公民社会的本质特征,它是属于人类天真未泯的原初状态的。而次生的自然权利则是在人类腐化之后作为腐化的补救而必需的。"[12]值得注意的是,施特劳斯虽然说次生的自然权利是"人类腐化之后作为腐化的补救",但这并不意味着他肯定次生的自然权利,恰恰相反,施特劳斯认为次生的自然权利很有可能成为"公民社会的火药桶",因为次生的自然权利旨在帮助公民生活"在智慧和愚蠢之间达成一种根本妥协","在由理性或理智所明辨的自然权利与仅仅基于意见的权利之间"达成妥协。[13]与之相反,施特劳斯认为只有"严格意义上的自然权利,或者原初的自然权利,才不再会是公民生活的火药桶"。[14]

私有财产权和同意理论是洛克政治哲学的基石所在,也是后

1. 合乎自然的秩序与合乎权利的秩序　　07

世自由意志主义者和美国建国之父的核心论旨，施特劳斯如此不遗余力地批判，其用意一目了然。尽管施特劳斯在文本阐释上背离了色诺芬的原义，但是他的基本论断却极富洞见：原初的自然正当与次生的自然权利的区分为我们打开了一条理解现代性的极佳路径，如果这一转变的哲学根源真如施特劳斯所言，在于智慧与同意的委曲求全，并且私有财产权的确是与正义不相容的，那么洛克就是"现代性"问题的渊薮所在，进一步说，按照施特劳斯的解释，洛克不过是托马斯·霍布斯（Thomas Hobbes）的隐形翻版，那么霍布斯对于现代性问题更是难辞其咎。

有趣的是，休谟在《道德原则研究》中也曾提及这个故事，他同样不认同少年居鲁士的做法："年轻而未经世的（unexperienced）居鲁士在将长衫分派给高个儿男孩，而将短衫分派给矮个儿男孩时，只考虑了眼前的单个的情况，只反思了有限的合适和便利（a limited fitness and convenience）。太傅则教他做得更好，向他指出了更广泛的视野和后果，告诉了他维持社会的全面的和平和秩序所必需的一些一般的、不可变易的规则。"[15]

按休谟的观点，少年居鲁士的做法之所以既"不智慧"又"未经世"，是因为他"只考虑了眼前的单个的情况，只反思了有限的合适和便利"，而没有认识到要想维持社会的全面的和平和秩序，就必须要遵守那些"一般的、不可变易的规则"。休谟承认"财产继承的权利在单个事例中可能是有害的"，比如大孩子不幸继承了一件小外套。但这不能推论得出私有财产权一无是处，从社会全面的和平和秩序出发，只要私有财产权的一般规则能够"弥补特定的性格和处境所造成的不幸和不便，那就足够了"。[16] 在休谟看来，"一切规范所有权的自然法以及一切民法都是一般性的，都仅仅尊重案件的某些基本的因素，并不考虑有关个人的性格、境况和关系，不考虑这些法律的规定在任何特定案件中可能产生的特定的后果"。[17]

必须承认，休谟与施特劳斯其实秘密地共享"整体主义"的立场，他们都寄望于从一个"仁慈＋智慧"的视角出发建立政治秩序，二者的差别在于施特劳斯之所以赞赏少年居鲁士的做法，是因为他看到这里潜伏了一条通向"上帝视角"的路径，如果有人能够在一般性的问题上——比如社会的全面的和平和秩序——实现少年居鲁士在个别事例中拥有的智慧，那么合乎自然的秩序就指日可待。而休谟不然，他之所以批评少年居鲁士的做法，恰恰是因为他认识到少年居鲁士处理的仅仅是个别的事例，达到的只是"有限的合适和便利"，一旦从个别事例推广至整体社会，就必须用一般性的规则取代个体的智慧。[18] 休谟以降的效益主义者多信奉科学的方法，寄望于用单一的"效益原理"解决所有的道德纷争[19]，而施特劳斯对科学抱有深刻的怀疑，更信奉神的智慧和统治者的美德。

约翰·罗尔斯（John Rawls）后来批评效益主义，认为其在方法论上把个体的选择原则扩展到整个社会，在结果上难以保证人人享有平等的权利，没有认真对待个体与个体之间的区别，忽视了个体的独特性与多元性。罗尔斯说："社会中的每个成员都被视为拥有基于正义的或者如某些人所说的基于自然权利的不可侵犯性，这是任何其他人的福利所不能逾越的。正义否认为使某些人享受较大善（good）而剥夺另一些人的自由是正当的。"[20] 罗尔斯所构想的政治世界显然是"个体视角"下的"合乎权利的秩序"。[21] 值得一提的是，罗尔斯的正义理论处理的是"社会基本结构"层面上的正义而非局部正义，在这一点上他和休谟的观点又有重合之处，也就是用一般性的规则来解决整体社会的和平和秩序。[22] 同时，罗尔斯也曾强调不要卷入具体的事例分析，要简化讨论的过程[23]，这与休谟的立场同样不谋而合：一般性的规则都仅仅尊重案件的某些基本的因素，并不考虑有关个人的性格、境况和关系。

到目前为止，我们至少能够得出以下结论：如果说古典政治哲学追求的是一种"合乎自然的秩序"，预设的是一个"上帝的视角"，那么现代政治哲学追求的则是"合乎权利的秩序"，这一秩序是从"不智"且相互冲突的"个体视角"出发去构想政治秩序。

二、自然理性与上帝意志

上帝的意志能够被世人知晓吗？如果能够，如何能够？这是困扰自然法传统的核心问题。

按约翰·麦克里兰（John McClelland）在《西方政治思想史》（*A History of Western Political Thought*）中的说法，"传统的

自然法观念认为上帝的律法可见于三事：《圣经》经文的启示、人的理性及一般的社会经验。上帝之手以这三种不同方式写下自然法：直接写在经文里，间接透过哲学以及间接透过社会经验写在人心上"。[24] 换言之，人们既可以通过启示去直接了解上帝的意志，也可以通过理性或者良心去间接地了解。通过启示直接了解的是"永恒法"和"神圣法"，通过理性或者良心间接了解的是"自然法"。[25]

人类的心灵（理性）能够了解更高的法。这个观点从智者派的安提丰（Antiphon）、基督教的圣保罗（Saint Paul），一直到西塞罗（Cicero）、托马斯·阿奎那（Thomas Aquinas），以至霍布斯、洛克，可谓一脉相承、一以贯之。问题的关键在于理性所了解的法究竟是什么法？由谁来诠释，以及如何去诠释？

理性所了解的究竟是什么法？按照主流的自然法传统，我们不难得知其答案：一方面，神圣法作为上帝之法，只可能通过启示的方式为世人知道，作为世俗中人，我们必须时刻牢记"想要确定神圣法的要求是超越我们自然理性的能力的"。[26] 另一方面，既然自然法是永恒法涉及人的那一部分，那么"它就必须以某种方式被公布——也就是，公之于众，或者被知晓——给那些适用这一法律的对象。否则它就不是法。"[27] 换言之，人类的自然理性官能是能够"部分"了解上帝的意志的，因为"上帝并没有一劳永逸地在圣书中向人们启示指导他们所必需的真理，也没有在所有人的心灵中烙下那些与这些启示真理相符合的、可以直觉地感知的理智的和道德的观念，相反，我们所能拥有的一切观念都

1. 合乎自然的秩序与合乎权利的秩序

来自经验，它们是我们从外在的自然世界和社会世界而来的感觉的结果，也是我们的心灵反省这些感觉的结果"。[28]

在了解了启示法、神圣法与自然法的传统区分之后，回头再看施特劳斯的立论，我们就会发现他的观点多少有些激进和歧出。施特劳斯指出："自然法是上帝意志的宣布。它是人心中的'上帝之声'。它因此可以称作是'上帝法'或'神法'，或者甚至是'永恒法'；它是'至高无上的法'。"[29]

正是因为将自然法等同于上帝法、神法乃至永恒法，才让施特劳斯批评洛克时充满底气。施特劳斯指出洛克在阐述自然法和启示法之间的关系时面临一个根本性的、明显的困难：

（洛克）一方面说要成其为法，自然法就一定得不仅是由上帝赐予的，而且还得让人们知道那是上帝赐予的，……另一方面，他又说，理性不能证明有着来生的存在。只有通过启示我们才知道对于自然法的裁可，或者说是"道德品行的唯一真正柱石"。因而，自然理性是不能够了解作为法的自然法的。这就意味着并不存在严格意义上的自然法。[30]

我们认为，可以稳妥地说，洛克的"部分的自然法"并不等同于《新约》或总体而言的《圣经》中清楚明白的教诲。如果自然法的"所有部分"都是以清楚明白的方式写在《新约》中的，那么随之而来的就是，"部分的自然法"根本就不属于自然法。[31]

以上论述表明，施特劳斯一直在通过拔高自然法的地位、将自然法等同于启示法来批评洛克，这与自然法的传统理解存在明显差异。就人的理性永远无法"彻底"解开上帝的奥秘而言，施特劳斯的论断没错。如果洛克傲慢地认为理性可以完全解密上帝的意志，那么这的确是一种人类的放肆（hubris）。可是洛克并没有企图僭越地洞悉"上帝的计划"，而只是认为既然自然法是永恒法中涉及人的那一部分，既然自然法是理性生物对永恒法的参与，那么自然法就应该是向人类公布或者发表的，因为，"一个人不能受不是对他公布的法律的约束"[32]。

自然法代表着人对此岸世界的幸福的理性认识，理性依此指导意志控制欲望和激情，引导实现他的自然目的；永恒法或神圣法直接来自上帝的启示，是上帝恩典的礼物，人类依此指导去实现他的超自然目的。我们不妨这样区分之：自然法调整的是洞穴之中的政治世界，永恒法规范的是洞穴外的超验世界，后者虽然比洞穴内的生活更好，但并非人人都能过这种生活，因为它借助的不是"人的东西"，而是人"自身中的神性的东西"。[33] 韦恩·莫里森（Wayne Morrison）说得好："信仰是不可能客观地加以分析的，因此就不必分析；而社会安排却可以客观地加以分析。因此，社会秩序是建立在自然理性之上的。"[34]

卡尔·贝克尔（Carl Becker）说，18世纪的人之所以赞扬洛克，就是因为他正式提出了论据来支持这一观点："人，只要运用他们天赋的官能，就能获得他们所拥有的全部知识。"[35] 这种观念貌似走得很远，"其实与13世纪却是气息相通的，因为它关于人类世界的自然法的观念与托马斯·阿奎那的一样，都把自然法等同于正确的理性"。[36]

三、智慧与同意的调和或同一？

如前所述，按施特劳斯的观点，"智慧与同意的调和"意味着自然正当的淡化，以及对"不智者"和"非理性"的权利的尊重，这是原初的自然正当与现代的自然权利发生分离的哲学根源。对于这个论断的后半部分我们不妨照单全收，但是对于前半部分我们却必须追问这样一个问题：智慧与同意的调和是否必然意味着对"非理性"的权利的尊重，以及对"上帝意志"的刻意曲解？我个人认为，在了解了永恒法、启示法和自然法之间的差异后，我们就不会对这个问题轻易给出肯定的答案。

亚里士多德（Aristotle）说，"人是有理性的动物"，施特劳斯照着亚里士多德往下说："那使人区别于禽兽的，乃是语言，或者理性，或者理解力。因此，人分内的工作就在于有思想的生活，在于理解，在于深思熟虑的行动。善的生活就是与人的存在的自然秩序相一致的生活，是由秩序良好的或健康的灵魂所流溢出来的生活。"[37]施特劳斯指出古典自然正当论的主要部分乃是对享乐主义的批判，其论点是"善的事物本质上有别于使人快乐的事物，善的事物比使人快乐的事物更为根本"，人有不同的欲望，这是自然的，但是同样自然的是，人的欲望有着"自然的顺序"。进而他得出了关于自然法的定义："人们可以将制约着善的生活的一般准则叫作'自然法'。合于自然的生活是人类的优异性或美德的生活，是一个'高等人'的生活，而不是为快乐而求快乐的生活。"[38]

在前现代的语境中，包括古希腊晚期和中世纪，自然法与自然正当这两个概念多少是可以互换使用的。[39]换言之，一个根据自然法建立起来的生活秩序就是自然正当的秩序。既然财富和享乐在善的序列中忝列末席，都是"不就其自身而善的"，那么追逐财富的生活和为快乐而快乐的生活就不是自然正当的生活，因其没有实现人之为人的"功能"（ergon）。

正像许多学者所指出的那样，这种理论的基石是亚里士多德主义的自然概念——一个由内在目的论倾向调整秩序的目的王国。但是即便亚里士多德本人也并不完全否定财富的意义和价值，在《尼各马可伦理学》（Nicomachean Ethics）中，亚里士多德明言："幸福是万物中最好、最高尚（高贵）和最令人愉悦的……不过，如所说过的，幸福也显然需要**外在的善**。因为，没有那些外在的手段就不可能或很难做高尚（高贵）的事。许多高尚（高贵）的活动都需要有朋友、财富或权力这些手段。……一个身材丑陋或出身卑贱、没有子女的孤独的人，不是我们所说的幸福的人。……所以如所说过的，幸福还需要外在的运气为其补充。这就是人们把它等同于好运的原因。"[40]

由此看来，关键的问题在于，首先，许多野蛮人和非人（如奴隶）之所以不能充分地发展其理性，也许恰恰是因为他们缺少那些"外在的善"。罗尔斯所说的"基本善"（primary goods）类似于亚里士多德所说的外在善。这些都是获得幸福或者自尊的必

1. 合乎自然的秩序与合乎权利的秩序

要的社会条件，有了它们不一定会获得幸福，没有它们却一定不能获得幸福。其次，从"人是有理性的动物"这个命题出发，一个潜在的论断是，就理性这个尺度而言，人人平等，差别只在于你把哪些人当成"人"，以及你如何理解"理性"这个概念。

正如亚里士多德所言："幸福还需要外在的运气为其补充。这就是人们把它等同于好运的原因。"一个人不幸生而为奴，由此就丧失了充分发展其理性的机会，乃至丧失了做人的权利，这在古典政治哲学家看来是天然正当的，但在罗尔斯这样的当代政治哲学家看来却是道德上不正当的。罗尔斯指出：

> 自然禀赋的分配无所谓正义和不正义，人降生在某一特殊的社会地位也无所谓正义和不正义。这些都只是自然事实。**关乎正义和不正义的是制度在处理这些事实时的方式**。贵族制和等级制度之所以不正义是因为它们把这些偶然事实作为判断是否是归属于多少有些封闭的和有特权的社会阶层的标准。这些社会的基本结构体现出在自然中发现的任意性。但是**人们没有任何必要让自己听命于这些偶然性的摆布。……正义二原则是一种对待命运的偶然性的公平方式**。[41]

人类的繁荣很容易受到运气的影响，这是古希腊人早已认识到的一个核心主题。命运的无常表现在人生的各个方面，既包括"自然的偶然性"（自然天赋），也有"社会的偶然性"（所出身的社会阶级），也有"幸运的偶然性"。一方面善如此之脆弱，另一方面人又总是孜孜以求过善的生活。自苏格拉底以降,哲学家就一直在寻找"一种理性的生活设计以降低命运的力量,并且尽其可能地摆脱运气的摆布"[42]。

政治哲学作为对人类"政治生活"的"理性设计",其目的就是要尽可能地帮助人们摆脱政治命运的任意摆布,这是因为——借用罗尔斯的话——政治制度的影响是自始至终且深远无比的。我们甚至可以说政治即命运。由此看来,即使我们承认自然正当的生活就是过一种有德性的生活——譬如罗尔斯就接受了"亚里士多德式的原则"——我们也应该了解到,要想充分实践和发展人们"更高的能力",就必须首先为他们提供足够的基本善,政治安排的伦理学承诺应当是为所有人提供获得幸福生活的社会基础。

让我们重新回到"人是有理性的动物"这个命题。诚然,世人总是贤愚混杂、良莠不齐,古希腊人由此区分人和非人、文明人和野蛮人——奴隶属于非人,野蛮人也不具备理性的能力。这样一来,虽然以理性为标尺人人平等,但是这样的平等却是以不平等地排除多数人为代价的。基督教让每个人——无论贵贱贫富——至少在上帝面前都拥有了平等的地位,在基督教的叙事逻辑中,尽管人们在世俗世界里的身份迥异、命运不同,但至少在宗教世界里人人都拥有平等的尊严和价值。这当然也是一种理性设计摆脱命运无常的路径,既然在此岸的世界里无法获得平等与幸福,至少我们可以遥想在彼岸的世界里获得平等与幸福。

然而,在这样一种上帝面前人人平等的观念里面,实则已然蕴含了更深一步的平等观。按照前述自然法的传统，为了分享上帝的恩宠和荣耀，上帝就在每个人的心中植入相同的自然理性，以帮助人们了解涉及他那部分的计划。由此一来，尽管世人仍旧贤愚混杂、良莠不齐，但是近代早期的哲学家却看到了一个明显的突破口——见识的长短和意见的分歧并不能掩盖以下事实：良知"是人间分配得最均匀的东西"[43]；"人人都具有"[44]相似的感情，或者人人都能平等地"运用相同的身心能力"[45]。无论是良知、感情还是理性，有一点是明确无疑的，那就是人天生平等地拥有某些东西，正是这些平等分享的东西使人类同种同族，它们是思考政治世界和社会秩序的起点和根据。

笛卡尔（Descartes）认为人类之所以会有意见分歧，"并不是由于有些人的理性多些，有些人的理性少些，而只是由于我们运用思想的途径不同，所考察的对象不是一回事"，所以关键的问题在于如何学会"正确地运用才智"。[46]霍布斯的观点与笛卡尔相去不远，在他看来："创立和维持国家的技艺正像算术和几何一样在于某些法则，而不像打网球一样只在于实践。这些法则穷人没有那种闲暇，而有闲暇的人却迄今为止都缺乏那种追根究底的好奇心或方法，去发现它们。"[47]换句话说，普通人之所以没能发现创立和维持国家的法则，不是因为他们缺乏理性，而是因为没有闲暇或者缺乏好奇心与正确的方法，哲学家恰恰相反，他们有闲暇更有好奇心，而且正确地掌握了方法，所以恰好可以承担发现法则的工作。

霍布斯相信，一旦建立起正当理性的方法，就如同所有真正的科学程序,"本身就有命令我们接受其所发现的真理的作用。它们给我们提供论证的各个实例,令最普通的人也能一目了然,其所产生的结论是:不容许争论,不可以反驳"。[48] 把对道德和政治理论的研究转变成一门科学,这是霍布斯的目标,在1668年《利维坦》(*Leviathan*)拉丁文修订版中,霍布斯宣称:道德哲学,正确地理解的话,就是一门善和恶的科学。[49] 但是道德哲学哪怕真的成了善和恶的科学,它也与自然科学有所不同:自牛顿以来,自然科学的真理性越来越成为专家共同体中极少数人分享的秘密,科学家所掌握的真理无须降贵纡尊求得常人的理解或同意。正如伏尔泰(Voltaire)所说:"没有几个人读过牛顿,因为要有学问才能理解牛顿,但是每个人都在谈论着他。"[50] 人们不用打开艰深的《自然哲学的数学原理》,就能成为牛顿哲学的信徒。他们都清楚地意识到,这位伟大的科学家揭开了自然和自然的上帝的奥秘,尽管他们不知道他是如何揭开的。[51] 反观道德哲学,哪怕以科学的面目示人,霍布斯也希望它在形式上是"令最普通的人也能一目了然"的。换言之,道德哲学的智慧必须要获得普通人的理性的同意。

道德哲学的智慧之所以必须要与人类的自然理性相一致,根本的原因在于——正像苏格拉底所坚信的——道德问题的答案如果是有约束力的,它就必须是每一个有理性的个体最终"认识到这是他本人给予自己的"。[52] 众所周知,苏格拉底的"助产术"不是教给人们"全新"的德性,而是通过唤起回忆重新获得那曾经拥有的德性,如果剥离掉奥菲斯教的灵魂不死与轮回的神秘外衣，苏格拉底的哲学观非常平实——哲学工作就是去"铺陈"或者"抽取""我们业已内在接受的东西"。在这个意义上，哲学家并不拥有智慧，他既不是洞穴外的世界与洞穴内的世界的"传信人"，更不是立法者。哲学家只是爱智慧的人，如果说他拥有某些智慧，那也只是在于他能帮助人们达成"同意"。事实上，无论是苏格拉底还是霍布斯，不管是道德哲学抑或道德科学，要让读者和听众感受其力量，就一定不能求助于自然科学那种长程且复杂的推理——这要求异乎寻常的理性能力——而必须让人们凭借其自然的理性能力就能清醒地认识到这是他们自己赋予自己的答案。在我看来，这是道德哲学的本性使然。

如果道德问题的答案必须要求人们自我确证其有效性，那么道德哲学的论证就必须与人皆有之的自然理性相符合，或者借用罗尔斯的话说，必须要向所有公民——向每一个人证成。[53] 必须强调指出的是，这种智慧与同意的一致性，不单是道德哲学的理论效果要求如此，而且早已隐藏在自然法的传统理解之中，既然上帝把自己的意志直接写在经文里，间接透过哲学和社会经验写在人心上，既然经文中的上帝意志只可能通过启示获得，而人心中的智慧只可能通过理性获得，那么一个自然而然的结论就是，哲学家的智慧就是帮助人们去"回忆"或者"澄清"这些我们业已内在接受的东西。一言以蔽之，无论在道德哲学的传统还是自然法的传统里面，智慧都必须与同意调和，这种调和不是权宜之计或者无奈之举，而是道德哲学的本性使然，也正是在这个意义上，我们甚至可以断言智慧必须与同意"同一"，更进一步，从自然正当到自然权利的转换存在着逻辑上的必然性!

注释

[1] 施特劳斯.自然权利与历史.彭刚,译.北京:生活·读书·新知三联书店,2003:149-150.黑体为本书作者所标记,以下皆然。Right 一词可翻译成"正当"或者"权利",我认同甘阳先生在中文版序言中的观点(参见施特劳斯《自然权利与历史》,第11页),古典意义上的 natural right 应该翻译成自然正当,而现代意义上的 natural right 则翻译成自然权利。所有引文均将按此标准对译文稍加修改。
[2] 色诺芬.居鲁士的教育.沈默,译笺.北京:华夏出版社,2007:29-39.译文根据原文稍加改动。
[3] 同[1]155.
[4] 同[1]150.
[5] 同[1]152.
[6] 同[1]155.
[7] 色诺芬.回忆苏格拉底.吴永泉,译.北京:商务印书馆,2007:16-17.
[8] 布策提.色诺芬的修辞术与《回忆苏格拉底》中的正义观//参见刘小枫,陈少明,主编.色诺芬的品味.北京:华夏出版社,2006:126.
[9] 同[2]30.
[10] 同[8]126-127.
[11] 同[1]154-155.
[12] 同[1]156.
[13] 同[1]155.
[14] 同[1]156.
[15] 休谟.道德原则研究.曾晓平,译.北京:商务印书馆,2001:156.
[16] 同[15]156.
[17] 同[15]157.
[18] 这里或许隐含着直接效益主义与间接效益主义之争,但限于篇幅和主题,我们将不对此展开探讨。

[19] 效益主义者对待权利的态度异常复杂，以休谟为例，虽然他反对自然权利说，但只是在起源的意义上不同意洛克等人社会契约论的观点，他显然接受权利概念在具体的政治安排和运行中的作用。参见休谟．休谟政治论文集．影印本．北京：中国政法大学出版社，2003．约翰·密尔（John Mill）对待权利的概念也并非一味采取否定态度，具体论述可参见 Mill J S. Utilitarianism, Liberty, and Representative Government. London: J. M. Dent & Sons Ltd., 1947.

[20] RAWLS J. A Theory of Justice. Cambridge, MA: Harvard University Press, 1999: 24-25.

[21] 罗尔斯虽然提到"自然权利"，却用了"如某些人所说"这样的字眼，这表明罗尔斯虽然把基本自由权作为正义第一原则，但并不依赖"自然权利"的路径来证成基本自由权的不可侵犯性。关于这一点，限于篇幅我们不拟展开讨论。

[22] 古希腊的荷赖三女神分别为正义女神、秩序女神以及和平女神，这似乎在暗示，唯当一个社会实现了正义，才会带来秩序与和平。

[23] 同 [20]50.

[24] 麦克里兰．西方政治思想史．彭淮栋，译．海口：海南出版社，2003：249.

[25] 罗尔斯指出自然法之不同于神圣法就在于，"神圣法是上帝之法的一部分，只能够通过启示获知"，而自然法却可以通过"我们理性的自然官能的使用从明显的一般事实和自然的设计中得出结论"。参见 RAWLS J. Lectures on the History of Political Philosophy. Cambridge, MA: Harvard University Press, 2007: 110.

[26] RAWLS J. Lectures on the History of Political Philosophy. Cambridge, MA: Harvard University Press, 2007: 110.

[27] 同 [26]109-110.

[28] 贝克尔．论"独立宣言"——政治思想史研究．彭刚，译．南京：江苏教育出版社，2005：35.

[29] 同 [1]207.

[30] 同 [1]208-209.

[31] 同 [1]224.

[32] 洛克．政府论：下篇：57 节．叶启芳，瞿菊农，译．北京：商务印书馆，2004：35.

[33] 亚里士多德对于政治生活和哲学生活的区分早就有过深入的阐释，参见亚里士多德．尼各马可伦理学．廖申白，译．北京：商务印书馆，2003：307.

[34] 莫里森．法理学．李桂林，等译．武汉：武汉大学出版社，2006：92.

[35] 同 [28]38.

[36] 同 [28]38.

[37] 同 [1]128.

[38] 同 [1]128.

[39] 参见 SYSE H. From Natural Law to Human Rights–Some Reflections on Thomas Pogge and Global Justice//FOLLESDAL A, POGGE T, eds. Real World Justice. Dordrecht: Springer, 2005: 230.

[40] ARISTOTLE. Nicomachean Ethics. 1099b30.
[41] 同 [20]87-88.
[42] WILLIAMS B. Ethics and the Limits of Philosophy. Cambridge, MA: Harvard University Press, 1985: 5.
[43] 笛卡尔. 谈谈方法. 王太庆,译. 北京:商务印书馆,2006:3.
[44] 霍布斯. 利维坦. 黎思复,黎廷弼,译. 杨昌裕,校. 北京:商务印书馆,1985:引言,2-3.
[45] 同 [32]5.
[46] 同 [43]3.
[47] 同 [44]162.
[48] 斯金纳. 霍布斯哲学思想中的理性和修辞. 王加丰,郑崧,译. 上海:华东师范大学出版社,2005:5.
[49] 参见 [48]3.
[50] 转引自 [28]27.
[51] 转引自 [28]27. 另外,哲学与科学之间的复杂关系非本书所能处理,就我有限的阅读经验,中文学界对此问题梳理得最为详细精准的当属陈嘉映的《哲学·科学·常识》。
[52] 伯纳德·威廉姆斯在论及苏格拉底问题时特别指出,苏格拉底相信,道德哲学的基本问题如"一个人应当如何生活"如果有答案,那它一定是读者认识到这是他自己给予自己的那个答案。参见 WILLIAMS B. Ethics and the Limits of Philosophy. Cambridge, MA: Harvard University Press, 1985: 2.
[53] 参见 [25]13.

2. 没有本体论基础的人权理论[1]

阿拉斯代尔·麦金太尔（Alasdair MacIntyre）在《追寻美德》（*After Virtue*）中曾经毫不留情地批判自然权利和人权，认为这不过是现代人的虚构：

> 在中世纪临近结束之前的任何古代或中世纪语言中，都没有可以准确地用我们的"权利"（right）一词来翻译的表达式。这就是说，大约在公元 1400 年前，古典的或中古的希伯来语、拉丁语或阿拉伯语，更不用说古英语了，都缺乏任何恰当的方式来表达这一概念。……显然，这个事实并不意味着根本不存在任何自然的或人的权利；它只意味着没有人知道它们的存在。而这也至少产生了某些问题，但我们用

不着分神去解答这些问题,因为真理是显而易见的,即:根本不存在此类权利,相信它们就如相信巫师和独角兽那样。[2]

我们不妨将麦金太尔的上述批评分别概括为"观念史的批判"和"本体论的批判":前者意在强调"权利"概念在词源学上就是其来无自的,纯属现代人的一种虚构;后者意在指出"权利"概念缺乏本体论基础,非但没有人"知道"是否存在权利,而且外部世界根本就"不存在"权利,一如外部世界根本不存在巫师和独角兽。

如果麦金太尔的上述批评言之成理、持之有据,则他对于"权利"概念的攻击将是摧毁性的。然而,如果我们仔细考察教会法学者最新的研究成果以及权利理论在当代的发展,就会发现麦金太尔的批评在不同程度上遭遇了强有力的挑战。比如美国教会法学家布赖恩·蒂尔尼(Brian Tierney)毫不客气地嘲讽道:麦金太尔虽然屡屡哀叹现代道德哲学思考严重缺乏"历史意识",可惜他本人对于所批判的权利理论的历史同样一无所知。[3] 此外,20世纪语言哲学的发展以及权利理论的最新研究趋势也都对麦金太尔的"本体论的批判"做出了回应。

本章的结构如下:第一,我将通过梳理晚近以来西方学者对自然法和自然权利之关系的各种论点,指出如何理解 ius 三重含义的关系,特别是 ius 的第三种含义也即"主体意义上的个体权利"的演变脉络乃是回应麦金太尔"观念史的批判"的关键所在。第二,通过分析布赖恩·蒂尔尼与道格拉斯·克里斯

(Douglas Kries)的争论，指出自然权利实则植根于传统的自然法之中，而不是现代性的一次独创和断裂。第三，通过援引蒂尔尼的研究成果以及现代英美分析哲学的论点回应麦金太尔的"本体论的批判"，指出无论在事实上还是在规范上，权利概念都不必然地奠基于某一特定的本体论基础。第四，我认为，尽管从自然权利到人权的演变进一步地削弱了权利的本体论基础，但并不因此就降低或者否定了权利概念的意义和重要性，在后形而上学时代，论证权利的本体论基础已然不是一个最相关和最紧迫的问题。对于权利理论家而言，一个更有前景的工作是去建立一个富有魅力的人权的伦理学理论或者目的论体系，从而恢复权利概念与活泼泼的生活世界之间的丰富关联，我把这个理论称为"戴着亚里士多德面具的权利理论"。

一、ius 的三重含义

在过去的半个多世纪里，自然权利的起源及根据一直是西方史学家、哲学家以及法学家的聚讼焦点。具体说来，它主要涉及两个相对独立但又彼此紧密关联的问题：第一个问题我称为"时间问题"，也就是自然权利这个概念最早出现在什么时候；第二个问题我称为"关系问题"，也就是自然权利与自然法之间的关系问题。

关于自然权利观念的具体产生时间，战线绵延长达 500 年。从 17 世纪的托马斯·霍布斯一直上溯到胡果·格劳秀斯（Hugo

Grotius）以及让·格尔森（Jean Gerson），都曾被认定是自然权利的最早探讨者，但是正如蒂尔尼所指出的，如今最为广泛接受的观点是，主观自然权利最先形成的时候在中世纪晚期。[4]米歇尔·维利（Michel Villey）、理查德·塔克（Richard Tuck）以及约翰·菲尼斯（John Finnis）和安纳贝尔·布赖特（Annabel Brett）等人虽然具体理由和观点各有差别，但都基本认同这个时间点。比如，维利认为14世纪方济各会哲学家奥康的威廉（William of Occam）首先发明了自然权利的概念，而菲尼斯则认为主体权利（subjective rights）的概念可以在更早的托马斯·阿奎那的著作中找到明确的表述。可是，根据蒂尔尼的最新研究成果，奥康的威廉和阿奎那都不是主体权利的首创者，在12世纪格拉提安（Gratian）的《教令集》（*Decretum Gratiani*）以及当时教会法学者的注疏中，就已经把 ius naturale 这个旧术语崭新地理解成内在于个体的某种主观的权能（power）或者能力（ability），与这一重要的语言转向同时出现的还有蒂尔尼所谓的"许可型的自然法"（permissive natural law）理论。[5]

与"时间问题"紧密相关的另一个问题是自然权利与自然法的关系问题。一般而言，当代论争中存在着三种截然不同的观点。第一派观点认为自然权利是从自然法中推演出来的，代表人物包括约翰·菲尼斯以及更早的雅克·马里顿（Jacques Maritain）。第二派观点则完全否定自然法和自然权利之间存在任何的联系。其代表人物包括米歇尔·维利、阿拉斯代尔·麦金太尔、列奥·施特劳斯及其门生恩斯特·弗停（Ernest Fortin）等人。相比上述两种截然对立的立场，以蒂尔尼为代表的第三派观点相对持中，他一方面反对菲尼斯在其名著《自然法与自然权利》(*Natural Law and Natural Rights*)中的基本立论，主张在阿奎那的文本里头找不到任何关于主体权利[6]的明确表述，另一方面也反对维利、施特劳斯以及麦金太尔的立场。蒂尔尼认为早在12世纪格拉提安的《教令集》中就可以发现许可型自然法的影子，这是主体的自然权利得以可能的基础。[7]

显然，无论"时间问题"还是"关系问题"，都不能单纯借助于语义学的分析得到彻底解决，但是考察 ius 在中世纪各个文本中的不同用法和含义仍旧是回答这些问题的关键所在。按照蒂尔尼的研究，在12世纪以来的中世纪晚期的教会法学家文本中，ius 这个概念至少包含三层含义：(1) 客观的、正当的或理性的秩序；(2) 作为道德的或法律的戒律；(3) 主体意义上的个体权利。[8]

从古典的自然法到现代的自然权利，最为关键的转换就是 ius 的第一层与第二层含义在重要性上逐渐让位于第三层含义。换言之，唯当拉丁文中的 ius naturale 从传统上的"自然上正义的事情"或者"自然法"转变为"主体的自然权利"，也即"去行动的一种官能 (faculty)、一种能力 (ability) 和一种自由 (liberty)"，尤其是指"个体的一种权能 (power)"的时候，自然权利这个概念才有可能成为理解现代世界的主导范畴。[9]

在主张自然法与自然权利毫无关系的学者当中，米歇尔·维利和霍布斯都认为当 ius 被理解成法或者客观正当的时候，恰恰是对"权能"的一种限制。但是二者的结论却稍有差异：维利认为现代的主体自然权利观念与古典的客观自然正当之间相互对立，彼此毫不相容。[10] 而霍布斯不仅割裂了古典的自然法和自然权利的关系，而且进一步颠倒了自然法和自然权利的关系，主张从原始的自然权利（自我保存）出发去推演各种不同的自然法。后者虽然仍旧冠以自然法的名义，但实际上与古典的自然法（或者自然正当）毫无关系，也正是在这个意义上，施特劳斯学派认定霍布斯是现代性的始作俑者。对此，蒂尔尼认为，维利和霍布斯的共同错误在于没能认识到 ius 的第三层含义早已蕴含在 12 世纪以来的教会法学者的各种论述之中，主体意义上的个体权利既不是霍布斯所说的自我保存意义上的原始自然权利，也不是维利所断言的"语义学革命"，而是植根于中世纪晚期的教会法传统之中，它不是一种断裂或革新，而恰恰是一种延续和发展。

蒂尔尼的立论非常鲜明，他指出 ius 的三层含义非但不会彼此内在地不兼容，反而还"相互关联"，它们"定义同样的关系"，彼此相互"隐含"，"共同存在于同一个符号关系"之中。[11] 为佐证自己的论点，蒂尔尼以父子关系为例，指出我们既可以根据客观的正当秩序去定义父子关系，也可以根据道德戒律——"尊重你的父亲和母亲"去定义之，与此同时，也可以通过说父母拥有获得其子女的尊重的权利去定义之。[12]

抽象地看，综合 ius 的三层含义的确可以帮助我们更加全面和完整地理解父子关系，就此而言，蒂尔尼说它们相互关联并且定义了"同样的关系"并没有错，可是具体到中世纪晚期的文本解释时，这个例子面临着一个重大的质疑——在当时的历史语境下人们真是这样理解父子关系的吗？正如维利所指出的，肯定人际关系的"权利秩序"和肯定人际关系的"责任秩序"，各自隐含了不同的社会理解，而这几乎就是现代自然权利和古典自然正当的最大差别。在 ius 的语义变迁史中，如何在具体的分析论证过程中小心翼翼地避免出现"时代错乱症"，是探讨自然法、自然权利与人权之关系的关键所在。

因此，虽然通过细致入微的文献梳理，蒂尔尼的工作部分回应了麦金太尔的"词源学批判"，澄清了主体意义上的个人权利概念早在 12 世纪就已经出现，自然权利并非所谓的"语义学革命"，而是深植于自然法传统以及漫长的西方文明演化的进程之中，但是若想彻底全面地反驳麦金太尔的批评，蒂尔尼及其同情者仍需进一步梳理中世纪晚期的教会法文本以及具体的历史事件，以展示 ius 的第三层含义（主体意义上的个体权利）是如何从"隐含的含义"（implicit meaning）逐步彰显为"实际应用中的明确发展"（explicit development of application）。因为唯当个人权利从混沌未分的三重 ius 含义中破茧而出，彻底"定型"为把握现实的主要概念，才有可能引发一系列概念地图的变迁，最终重新型塑整个现实的理解。

二、许可型的自然法与自然权利

按蒂尔尼的研究，在 12 世纪的格拉提安《教令集》以及教会法学者的论述中,自然法同时扮演着多重角色,除了对权利的限制、命令和禁止之外,还包括行动者按其选择去自由行动的被许可领域,这一观念从 12 世纪开始,得到了弗朗西斯科·德·维多利亚(Francisco de Vitoria)、弗朗西斯科·苏亚雷斯(Francisco Suarez)、格劳秀斯一直到洛克,甚至 18 世纪的法学家们的持续讨论。

蒂尔尼借用克里斯提安·沃尔夫(Christian Wolff)的观点这样总结道:"当自然法要求我们去做某些事情的时候它是规训型的(preceptive),当自然法要求我们不做某些事情的时候它是禁止型的(prohibitive),当自然法赋予我们以行动的权利(正当性)时它是许可型的(permissive)。"[13]

通过突出强调许可型的自然法,蒂尔尼意在指出中世纪晚期自然法的功能不仅限于命令、禁止和惩罚,它还规定了合法的或者被许可的人类行为领域。"许可型的自然法"观念被不断地援引作为自然权利的基础,它定义了人类自主性和自由选择的领域,与此同时,它并不是一个完全放任自由的状态。源自许可型的自然法的权利有资格得到他人的尊重,而且作为权利的拥有者也不能去侵犯他人的权利。[14]

蒂尔尼的这个解释与他对 ius 的解释如出一辙,都是皆大欢喜的调和版本,如果这个解释成立的话,那么自然法和自然权利之间的关系就不是简单的谁推论出谁的关系,而是"共同植根于人性(human nature)之中"——自然权利植根于"人类自由选择的能力",自然法植根于阿奎那所定义的人类的"性向"

（inclination）之上。[15]蒂尔尼的这一结论既否定了约翰·菲尼斯所主张的自然权利源自自然法的观点，也批驳了自然权利与自然法毫无关系的观点，法（lex）和权利（ius）之间的关系不是霍布斯所断言的"相反"关系，而是彼此相容、相辅相成的。许可型的自然法为防止自由蜕变成放任划下了界线，它不是将权利没有保留地赋予人类，而是圈定了一个领域，在其中自由选择的内在能力可以正当地被使用。后世的洛克也正是在这个意义上指出，法律的目的"不是废除或限制自由，而是保护和扩大自由"，因为法律存在是"为了使我们不致堕下泥坑和悬崖"。[16]

在2002年《政治学评论》（*The Review of Politics*）杂志组织的专题讨论中，道格拉斯·克里斯认为蒂尔尼的上述解释面临两个难点：首先，许可型的自然法涉及的只是那些"对人类生存不那么重要的事务"；其次，"关键的问题不在于中世纪的法学家是否把权利说成是由许可型的法所赋予的，而在于权利或者命令谁更具优先性。当双方相互冲突的时候，自然法理论一定是坚持命令的优先性的"。[17]

对于第一个质疑，蒂尔尼的答复是，建立在许可型法之上的权利类型并不是"对人类生存不那么重要的事务"，恰恰相反，这些权利包括所有我们今天称之为自由权的东西：婚姻权、选择职业或者志业的权利、所有权、旅行权、言论自由和宗教自由的权利，这些都不算是小事。[18]

对于第二个质疑，蒂尔尼并没有正面答复，而是一言以蔽之地指出克里斯并未触及他的关键贡献，也就是对于许可型自然法

2. 没有本体论基础的人权理论

的发展史的概述。言下之意,如果了解许可型自然法的历史,就会了解对于中世纪的法学家来说,当命令和权利发生冲突的时候,命令并不具备绝对意义上的优先性。克里斯之所以会做出这个论断,其背后的道理在于他把权利意识简单地化约为赤裸裸的个体利益的表达,但正如蒂尔尼的研究所表明的那样,中世纪的教会法学者并没有主张一种纯粹自私自利的个人主义理论,也从来没有把个体价值和共同体价值对立起来。[19]

除了这两个技术性难题之外,克里斯认为更重要的问题在于:"为什么我们应该在自然权利和自然法之间搭建一座桥梁?"克里斯认同恩斯特·弗停的观点,"我们这个时代最重大的危险在于政治话语正在急速地被权利讨论所主宰,这个状况严重到让现代人几无可能看到还有别的备选项。而哲学上的主要备选项就是回到古代的立场……必须要保持常青的根本问题就是人类究竟是拥有前政治的自然权利的自主行动者……抑或人类是对于他们自己以及别人负有自然责任的行动者,这些责任要求他们通过每天践履德行而高贵地生活"。[20]

克里斯的这个提问让人不免有些惊诧,从纯学术的立场出发,我们首先需要追问的是自然法与自然权利之间"是不是"存在联系,而不是"该不该"存在联系。如果价值判断在先,出于对权利话语所造成的流弊深恶痛绝,因此歪曲史料和事实,逆向推导,人为地斩断自然法和自然权利之间的关系,这显然不是学术研究的正确态度。蒂尔尼认为他与施特劳斯学派——包括弗停、迈克尔·扎克特(Michael Zuckert)以及克里斯——的根本分歧在于，自然权利究竟是否是 17 世纪的全新观念并与所谓的现代性相关联。蒂尔尼的工作目的之一就是指出："主体自然权利的观念在霍布斯之前就有着深厚的历史。在考虑这一理论的起源时忽视这个历史就是在搭建空中楼阁，其根基空空如也。"[21] 显然，这个结论对于麦金太尔的"观念史的批判"形成了足够有力的回应和反驳。

三、自然权利的诸种形而上学基础

如前所述，蒂尔尼认为自然法和自然权利之间的关系不是简单地谁推衍出谁的关系，而是"共同植根于人性之中"，但是需要特别指出的是，虽然蒂尔尼使用了"人性"一词，但他并不认为中世纪的权利理论有一个统一的人性观，也不认为权利概念必须奠定在某一特定的形而上学基础之上。以 14 世纪的奥康的威廉为例，当他代表方济各派与教皇约翰二十二世辩论的时候，蒂尔尼认为其主要的论证不是基于唯名论的哲学，而是反复援引早期教会法学者的文本，特别是 12 世纪教会法学者关于生活必需品的自然权利的论证。[22] 而此后的西班牙托马斯主义者在把阿奎那的自然法与自然权利相联系的时候，也适足以证明自然权利是可以和温和的实在论相融合的。

由此蒂尔尼认为，形而上学和法律学或者政治学理论之间不存在必然的或者逻辑的关联，在中世纪晚期的权利理论发展过程中，托马斯主义者、司科特主义者、奥康主义者、教会法学家,以及那些拒绝接受经院主义整体框架的学者们,各自对人性有着不同的理解,但这并不妨碍个体权利理论的发展和推进。事实上,蒂尔尼认为如果我们深入到自然权利的具体历史发展过程中,就会发现根本不存在也不需要假定任何内在于所有人的抽象"本质"或者任何普世性的理论,相反,我们只要考察——如后来的洛克那样——人们所展现出来的特定的相关特征就已经足够。[23]这些"特征"可以是理性、自由意志、共同的需要或者人类的渴望,不一而足。

或许有人会反驳说,即使接受蒂尔尼的研究成果,承认从观念史的角度出发,自然权利在"事实"上可以奠立在诸种本体论基础之上,也不能由此推论出在"规范"上自然权利不存在唯一的本体论的基础。对此,我愿意引用蒂尔尼本人的一句话予以回应:"历史研究无法解决现代哲学家和政治理论家的所有问题,但它也许有助于我们以占有更多资料以及更加复杂的方式去提出问题。"[24]

一个毋庸讳言的事实是,尽管20世纪被许多人称作"人权的世纪",在具体的政治论辩和抗争中权利话语也已成为最强有力的语言,但是权利话语的西方原罪性以及普世主义的霸权联想,导致其在中国的特殊语境中处境尴尬,即便是在权利话语源发地的西方世界,对于自然权利和人权的批评声音也不绝于耳。恰如麦金太尔对当代道德分歧的性质的评述:"当代道德话语最显著的特征乃是它如此多地被用于表达分歧;而这些分歧在其中得以表达之各种争论的最显著的特征则在于其无休无止性。"[25]

反映在权利话语的争执中，天赋人权的支持者认为这是不言自明因此也就是无须论证的真理，反对者则指斥天赋人权实乃不知所谓、空洞无味的口号或废话（nonsense）[26]。事实上有关权利的讨论的确就是在真理和废话这两极活动，论辩双方都认定这是不言自明的——作为真理它是不言自明的，或者作为废话它是不言自明的。这几乎是可以想象的最糟糕的局面，因为双方几乎没有任何真正的交锋或者对话，只是徒劳无益地反复重申各自的立场和主张，从而陷入"信者恒信之，不信者恒不信"的僵局之中。

方此之时，寻找到有效摆脱这种毫无生产性的争论漩涡的思想进路就显得尤为珍贵。雷蒙德·高斯（Raymond Geuss）指出：

"所有个体显然都拥有权利，让我们看看这会得出什么样的结论。"这不是哲学反思的一个好起点。相反，某些更加特殊的历史性问题是好的起点。包括"不使用'权利'概念是否可能组织一个'复杂的现代'社会，如果不可能，为什么不可能？"或者"我们这个让'个体权利'如此便利和可能的特殊社会形式到底是怎样的？其优点（以及缺点）是什么？"或者"如果我们发现很难想象一个没有主体权利的社会，或者很难想象在这样一个社会里能够获得丰盈和丰富的生活，为什么会是这样？究竟是什么让我们分心了？"。这不是要把哲学还原为历史，而是用一组更有趣也更有成果的问题取代一组无用的问题。并不是说罗伯特·诺齐克（Robert Nozick）错在误设了一组权利或者论证出现了问题，而是说

2. 没有本体论基础的人权理论

他压根儿就没问对问题，通过把权利作为思考政治的自明基础，诺齐克让人们错失了另外一些高度相关的问题。[27]

某种意义上，蒂尔尼的工作是对高斯的呼应，它为我们提供了摆脱权利话语争论僵局的可能性，让我们不再深陷于简单抽象的政治立场之争，不再把原本充满张力和内涵的观念史问题"缩水"为单薄的概念推衍，而是重新打开了权利问题的历史深度、思考平台和想象空间。我们不妨用罗尔斯后期的口号"政治的、非形而上学的"来评价蒂尔尼的理论贡献，具体来说：第一，蒂尔尼很好地证明了现代自然权利既非现代人的虚构，也不是奥康的威廉独自发动的"语义学革命"，而是植根于更早的中世纪教会法学传统；第二，通过丰富的史料分析，蒂尔尼表明自然权利的观念从来都不必然地奠定在某一特定的形而上学基础之上；第三，至少在自然权利概念发展的最初阶段，个体利益和共同善、个人价值和共同价值、权利与法之间并不存在不可调和的冲突，而是存在着一致性。

到目前为止，我们已经非常明确地表达了以下这个观点：从自然法（自然正当）到自然权利再到人权，从12世纪到21世纪，权利概念——无论它的定语是"自然"还是"人"——经历了一个漫长而又复杂的演变历程，尽管自然权利不是美国《独立宣言》所宣称的不言自明的真理，但也绝非现代人的纯粹虚构，我们在12世纪的中世纪教会法学著作中就已经能够找到它的源头。

但是我们必须承认，尽管历史学的梳理很好地回应了麦金太尔的"观念史的批判",并在一定程度上回应了"本体论的批判"——观念史中的自然权利并不必然地建立在某一特定的形而上学基础之上——但它依旧无法在规范的意义上彻底回答"本体论的批判"。为达此目的,首先需要澄清麦金太尔究竟是在什么意义上提出"本体论的批判"。显然,如果麦金太尔是在"形而上学实在论"(metaphysical realism)的意义上批评"权利"是虚构的,那么同样的指责也适用于德性、正义、自由、平等等抽象的道德概念。在我看来,麦金太尔把"权利"这样的抽象概念与"桌子""独角兽"或者"巫师"相比较,通过否定它具备一个客观的所指来否定概念本身,本身就是一种相当粗糙的哲学讨论,充其量只能产生修辞学上的夸张效果,丝毫无益于严肃的哲学论辩。

20世纪意义理论的发展早已得出公论,一个概念并不必须要有一个客观的所指才能有意义。比如鲁道夫·卡尔纳普(Rudolf Carnap)指出:"有关何物存在的哲学问题是我们能如何最方便地设置我们的'语言框架'的问题,而不像毛鼻袋熊或独角兽那样是有关语言外实在的问题。"[28]而威拉德·冯·奥曼·蒯因(Willard Van Orman Quine)也认为:"我们能够有意义地在语句中使用单独语词而无须预先假设有这些语词所要命名的对象。"[29]换言之,权利、德性、正义、自由这样的抽象概念无须假设一个客观外在的所指,事实上,在概念主义的框架内,所谓"客观外在的所指"本身就是一种迷思。

有趣的是,虽然麦金太尔言辞犀利地提出了"观念史的批判"和"本体论的批判",但他并不否认权利其实是一种"建制性的规范"。麦金太尔如是说道:权利的主张"事实上预设了一系列由社会建立起来的规则的存在……这样的一系列规则只存在于特定历史时期的特定社会环境之中,它们绝非人类状况的普遍面貌"。[30] 由此可见,"本体论的批判"只是虚晃一枪,将权利与独角兽并举只是一种修辞手法,麦金太尔的真实用意在于批判权利的"普世性"以及启蒙运动之后引入权利概念的诸种合理化论证。

一言以蔽之,麦金太尔对权利的批判,其用力点不在于权利像独角兽那样无踪可觅,而在于启蒙运动以来为引入权利概念所提供的各种"合理化论证"都失败了。[31] 但是,麦金太尔的这个论断操之过急了。

四、戴着亚里士多德面具的权利伦理学

存在人权吗?面对这个问题,多数当代人权理论家都采取悬隔判断的策略,转而探求建立人权概念的合理化论证。以涛慕思·博格(Thomas Pogge)为例,他明确表示无须提出人权的本体论地位(the ontological status of human rights)的问题,即不去追问人权是否存在以及人权的存在是否可以被认知或者被证明的问题,而是径直去思考"人权应该如何被理解?人权的断言到底断言了什么,尤其就相关的责任而言。"[32]

综观当代人权理论的发展,在为人权建立合理性论证时无外乎

诉诸人类尊严（human dignity）、理性（reason）、平等（equality）、需求（needs）、可行能力（capabilities）、共识（consensus）、人格（personhood）及人类的行动性（human agency）等选项。限于篇幅与主题，这里将着重分析罗纳德·德沃金（Ronald Dworkin）的人类尊严进路，以期在权利理论和新亚里士多德主义的伦理学之间建立起理论的关联。

在最近出版的《民主在此可能吗？》（*Is Democracy Possible Here?*）一书中，著名的权利哲学家德沃金充分认识到伦理学维度的重要性，他用"人类尊严二原则"来论证政治权利。第一条原则是所谓的"内在价值原则"："主张每个人的生活都拥有某种特殊的客观价值。这是作为潜能（potential）的价值；一旦一个人的生活开始了，它将如何进行就是至关重要的。当生活获得成功并且其潜能得到实现那就是好的，当生活失败并且潜能被浪费了那就是坏的。这是一种客观的事情，不仅仅是主观的价值。"[33]第二条原则是"个人责任原则"："主张每个人都对实现其自身生活的成功负有特殊的责任，这种责任包括实践他关于什么样的生活对他来说是成功的判断。"[34]

德沃金认为尽管美国人分散在政治光谱的各个位置，但几乎都能同意人类尊严概念而没有例外，这是论辩各方共享的基础，唯有在此前提下才可能进行理性的论辩。德沃金进一步认为所谓的"天赋人权"也不再是一个植根于西方基督教传统以及现代性之中的特殊价值，而是建基于这两条人类尊严原则之上的普世价值，人权的意义和价值就在于它维护和发展了人类尊严二原则。

2. 没有本体论基础的人权理论

我们认为，归根结底，人类尊严二原则意在回答古老的苏格拉底问题："一个人应当如何生活？"而用人类尊严二原则为人权提供合理化论证，不仅很好地摆脱了人权概念的形而上学负担，同时兼具"命令式"（imperative）的现代道德哲学特征以及"吸引式"（attractive）的古代伦理学魅力。

不过，人权理论的人类尊严进路仍然存在两个缺点。第一，人类尊严这个概念无论在外延上还是内涵上都不够整全和丰富，不足以整合与吸纳其他的人权的合理化论证。第二，人类尊严是启蒙运动之后发展出来的核心价值之一，它未能提示出与古典政治哲学一脉相承的线索，因此也就无力承担以下这个任务：如果我们试图为现代性做真正彻底的辩护，就不仅要消极地阐明权利话语与古典政治传统之间的延续性，更要积极地证明——通过观念史的解释和概念的转换——包含了个体权利概念之后的自然正当乃是一个更加充分的概念。

为此我们有必要在理论上修订和改造德沃金的人类尊严二原则。细查德沃金的论述，不难发现"潜能"和"成功"这两个概念扮演着重要的角色，这让我们有理由将德沃金的观点在一定意义上与亚里士多德的伦理学相联系。

按亚里士多德的观点，"人的每种实践与选择，都以某种善为目的"[35]，但是善分多种：最低级的善是"因它物之故而选择的"，比如财富、长笛；中间的善是"因它们自身之故而选择它们，同时也为幸福之故而选择它们"，比如荣誉、快乐、努斯和每种德性；而最高善则是 eudaimonia，也就是——"那些始终因自身而从不因它物而值得欲求的东西称为最完善的"。[36] 正如亚里士多德所言,"说最高善是eudaimonia似乎是老生常谈。我们还需要更清楚地说出它是什么。如果我们先弄清楚人的功能,这一点就会明了"。[37]

如何翻译最高善eudaimonia,一直以来众说纷纭,一般而言有幸福(happiness)、快乐(pleasure)、繁荣(flourishing)、福祉(well-being)以及成功(success)等译名。其中最为流行的是happiness,但是晚近三十年来,这个译名遭到了许多学者的质疑,比如约翰·库柏(John Cooper)认为英文里的happiness通常指称主观的心理状态,而亚里士多德的eudaimonia根本就排除了这一状态。库柏认为更好的翻译应该是human flourishing(人类繁荣)。[38] 库柏的这个观点得到了约翰·劳埃德·阿克里尔(John Lloyd Ackrill)[39] 以及玛莎·努斯鲍姆(Martha Nussbaum)[40] 等人的呼应。

简而言之,上述学者之所以心仪"繁荣"这个译名,乃是因为他们充分认识到"功能论证"(ergon argument)在亚里士多德伦理学中的重要地位。亚里士多德研究者普遍认为,若想对《尼各马可伦理学》做整体的解释,就必须融贯一致地组织下述三个众所周知的亚里士多德理论的基本特征:(1)eudaimonia与人的功能是相连的;(2)eudaimonia其自身就是目的;(3)eudaimonia被认为可以在沉思的生活和道德德性的生活中找到,后者在第十卷中处于较低的地位。[41]

所谓"功能",核心要义在于"非它不能做,非它做不好的一种特有的能力"[42]。按亚里士多德的理解，人是有理性的动物，既然理性是人所具有的特殊功能，因此当人的理性得到最为充分的实现之时，也就是他拥有德性之刻，与此同时，人也就拥有了 eudaimonia。在此我们无须过多深入亚里士多德的伦理学理论，关键在于指出对亚里士多德的目的论而言，人类的 eudaimonia 基于其特殊功能的完成，而这与他的潜能与实现的理论是紧密相关的。唯当人的潜能得到最为充分的实现，人才拥有属于他的德性与 eudaimonia——显然，用"繁荣"去定义这种从潜能到实现的绽放过程是再合适不过的。

简述完 eudaimonia 的译名之争以及功能论证，重新回头检视德沃金的人类尊严二原则，便会发现二者既有理论背景上的重大差异，又有内在理路上的密切关联。相关之处在于，亚里士多德的"潜能"与"实现"在德沃金的人类尊严二原则中同样扮演至关重要的角色。差异之处在于：首先，在后形而上学的现代语境下，德沃金（以及我们）不再可能预设一个以生物学为基础的整体主义目的论；其次，德沃金不再预设类似"人是有理性的动物"这样的哲学人类学前提，也不再预设作为整体的人类的"功能"，而是将主语替换成单个的个体。

如前文所述，德沃金用"成功"而不是"繁荣"去刻画潜能得到实现的状态，我则倾向于用"繁荣"取代"成功"，理由是作为现代词汇，"成功"的内涵已经被极大地缩减为财富和权力之类的外在善，相比之下，"繁荣"则保持着更为开放和丰富的意涵。新亚里士多德主义伦理学的代表人物道格拉斯·拉斯姆森

(Douglas Rasmussen)认为,作为一种人类善,"人类繁荣"具有如下六种特征:(1)它是客观的善;(2)人类繁荣虽然是人类行为的终极目的,但它不是唯一的那个具有内在价值的行为,而是包括了所有的终极目的,因此它是一种"包容性的"(inclusive)目的;(3)人类繁荣可以是个体化的和多样化的,它取决于这个人是谁以及是什么;(4)人类繁荣是与行动者相关的;(5)它是自我引导的;(6)人类在本质上是社会的动物,社会的。[43]正如弗雷德·D.米勒(Fred D. Miller)所言,在现代背景下若想重新征用亚里士多德的理论资源,就要立足于现代哲学理论、科学研究成果以及实践经验对其"做出批判性的评价……必要时进行修订或者拒绝,并考虑如何将其应用到亚里士多德所未曾预见到的情境"。[44]

我认为,用"繁荣"取代"成功"与"人类尊严"去整合和重构德沃金的人权理论,或许是一个富有成果的理论方向。[45]进而言之,借助"繁荣"这个概念,还可能帮助我们打通古典正义理论与现代正义理论。恰如玛莎·努斯鲍姆所指出的:"人类繁荣很容易受到运气的影响,这是后亚里士多德古希腊哲学从未怀疑过的一个核心主题。"[46]所谓运气也即偶然性,它既包括社会的偶然性、自然的偶然性,也包括幸运的偶然性。按伯纳德·威廉姆斯(Bernard Williams)的观点,苏格拉底哲学意在"寻找一种理性的生活设计以降低命运的力量,并且尽其可能地摆脱运气的摆布"。[47]正是在这个意义上,我认为当代自由主义者在很大程度上正是赓续了苏格拉底为哲学设定的这一任务。以罗尔斯

2. 没有本体论基础的人权理论

的"公平的机会平等原则"和"差别原则"为例,其根本的宗旨正在于尽可能地"排除"社会偶然性和"减少"自然偶然性的任意影响,进而为每一个公民充分发展和完美实践两种道德能力提供必要的社会基础。当然,在罗尔斯的《正义论》(*A Theory of Justice*)中并未提及潜能与实现,更没有把幸福、成功或者人类繁荣这样的目的论概念作为论述的重点,在他所列举的"基本善"清单中,"自尊的社会基础"被认为是最重要的一种基本善,但是这并不意味着罗尔斯的理论不具备目的论的维度:罗尔斯的自尊显然不同于霍布斯的自保,自保是"人人都能接受的善",而自尊则是"人人都想要的善"。在这个意义上,罗尔斯所构想的正义理论实则具备某种目的论的维度。

事实上,借助戴有亚里士多德面具的权利伦理学,我们完全有理由想象一种以保障基本权利为基础、以实现人类繁荣为目的的自由主义理论。这种目的论的自由主义虽然极大地借鉴了亚里士多德目的论体系的核心概念如潜能、实现以及繁荣,但是二者的不同之处也一目了然:首先,目的论的自由主义不建立在任何形而上学基础之上,也无须预设任何特定的人性观;其次,它不规定唯一的繁荣状态(以及幸福生活),也不向任何个体承诺实质性的繁荣,而是通过确保各种基本的权利,让每一个个体拥有发展各自"潜能"从而最终实现"繁荣"的社会基础和条件。要而言之,在亚里士多德的目的论体系中,两种较好的"幸福生活"——"哲学生活"和"政治生活"——都只可能属于少数卓越之人,而目的论的自由主义则试图通过"理性的生活设计"以及复杂的制度建设，保障每一个体都拥有追求"繁荣"的权利以及实现"繁荣"的社会基础，因为个体的"繁荣"是政治社会的所有公民作为"人之为人"都应该过上的生活。

综上所述，我们不妨把德沃金的"人类尊严二原则"改写为"人类繁荣二原则"，第一条原则也即"内在价值原则"：

主张每个人的生活都拥有某种特殊的客观价值。这是作为潜能的价值；一旦一个人的生活开始了，它将如何进行就是至关重要的。当生活获得繁荣并且其潜能得到实现那就是好的，当生活未能展开且潜能被浪费了那就是坏的。这是一种客观的事情，不仅仅是主观的价值。同时人类繁荣也是个体化的和多样化的，它取决于这个人是谁以及是什么。

第二条原则也即"个人责任原则"：

人类繁荣是与行动者相关的，它是自我引导的，每个人都对实现其自身生活的繁荣负有特殊的责任，这种责任包括实践他关于什么样的生活对他来说是繁荣的判断。

在目的论的自由主义所构想的"合乎权利的秩序"中，每一个公民都将获得必要的社会基础去发展和实现他们的潜能，人权话语确保"他有正当的理由要求社会保护他拥有这种东西"，另一方面，社会又将那些"社会不应当采取措施来确保"的东西"留给机会或者取决于他自身的努力"。[48] 与此形成鲜明对比的是，在古典政治学家所推崇的"合乎自然正义的秩序"中，每一个人在政治社会中占据什么样的位置、应得什么东西，充满了各种任意性与偶然性，这种秩序只是被冠以"合乎自然正义"的名

2. 没有本体论基础的人权理论

义，实则回避甚至拒斥哲学的反省。

当然，目的论的自由主义并不承诺个体在具体的人生中必然实现"繁荣"，只要政治社会确保个体拥有实现其合理的人生繁荣（reasonable human flourishing）——无论其具体内容是什么——的社会基础，它就实现了社会的正义，因此也就不再对个体有所亏欠。如果此时个体仍旧没有获得预想的自尊、承认与繁荣，依然心怀不平、怨恨不已，那么他就应该细细揣摩《理想国》里的这段话："正义者不要求胜过同类，而要求胜过异类。至于不正义者对同类异类都要求胜过。"[49]这个观点告诉我们，只有当人们真正认识到自己的潜能与限度，知道自己的应得，了解完成繁荣之后所可能获得的身份和位置，才有可能坦然接受生活，不去逾越那永恒固定的界线，而此时个体也就获得了灵魂的正义即和谐。在我看来，古典政治哲学与当代政治哲学、个体的正义与社会的正义、个体的德性与制度的德性也正是在这里胜利会师并完成了人类正义的完整叙事。

综上所述，我认为戴着亚里士多德面具的权利伦理学，很可能为我们提供一个崭新的理论视野：第一，它巧妙地回避了麦金太尔的"本体论的批判"——人权概念之所以必需和重要，不在于它奠基于何种本体论之上，而在于它是实现人类个体的繁荣所不可或缺的社会基础和必要条件。第二，它在伦理学上兼具现代道德的命令式特征（必须拥有个体权利）和古典伦理学的吸引式特征（拥有个体权利是好的）。第三，它向我们展示了目的论自由主义的理论前景，昭示出对当代政治哲学与古典政治哲学进行完整叙事的可能性：以个体权利为核心的政治秩序不但没有颠覆或者削弱古典的自然正义（正当），反而是对后者的一个补充和拓展，合乎权利的秩序不仅没有与合乎自然的秩序相冲突，而且在一个非常重要的意义上，合乎权利的秩序恰恰就是合乎自然的秩序——因为它力图摆脱任意区分以实现恰当的平衡，并且充分尊重每一个人的自然本性与潜能。

注释

[1] 本章写作得到了霍英东教育基金会第十二届高等院校青年教师基金基础性研究课题资助，课题名称为"当代政治哲学的伦理学承诺"，特此致谢。此外还要特别感谢《中国社会科学》杂志约请的三位匿名评审老师提出的修改意见。

[2] 麦金太尔. 追寻美德. 宋继杰, 译. 南京: 译林出版社, 2003: 88.

[3] See TIERNEY B. The Idea of Natural Rights: Studies on Natural Rights, Natural Law and Church Law, 1150-1625. Atlanta: Scholars Press, 1997: 3.

[4] See TIERNEY B. The Idea of Natural Rights–Origins and Persistence. Northwestern Journal of International Human Rights, 2004, Spring, Volume 2: 3-4.

[5] 参见 [3]7.

[6] 之所以把 subjective rights 翻译成"主体权利"而非"主观权利"，是因为在 ius naturale 的语义变迁过程中，关键的一步在于从客观意义上的法（自然法）转变为主体内在所拥有的权能（自然权利和人权），用"主体"而非"主观"意在突出强调其内在地从属于人性。关于这个译法的道理，可参见侯建新. "主体权利"文本解读及其对西欧史研究的意义. 史学理论研究, 2006（1）: 124-126.

[7] See TIERNEY B. Natural Law and Natural Rights: Old Problems and Recent Approaches. The Review of Politics, 2002, 64(3): 399-406.

[8] 参见 [3]32-34.

[9] 参见 [3]20-22. 同时可参见 [4]3-4.

[10]	维利的观点转引自 [4]4.
[11]	同 [3]32-34.
[12]	参见 [3]33.
[13]	同 [4]8.
[14]	参见 [7]402.
[15]	同 [7]405. 蒂尔尼的这个论断暗含了自然权利向人权转变的逻辑。
[16]	同 [7]405-406.
[17]	KRIES D. In Defense of Fortin. The Review of Politics, 2002, 64(3): 413.
[18]	See TIERNEY B. Author's Rejoinder. The Review of Politics, 2002, 64(3): 417-418.
[19]	参见 [4]6.
[20]	同 [17]413.
[21]	同 [18]420.
[22]	参见 [4]9.
[23]	参见 [3]5, 31-32.
[24]	同 [3]2.
[25]	同 [2]7.
[26]	早在麦金太尔之前，边沁就曾经指责自然权利是"踩在高跷上的胡言乱语"，不仅概念上自相矛盾，而且在实践后果上会导致无政府状态。参见 BENTHAM J. Anarchical Fallacies//WALDRON J, ed. Nonsense upon Stilts: Bentham, Burke and Marx on the Rights of Man. London: Methuen, 1987: 46-69.
[27]	GEUSS R. Philosophy and Real Politics. Princeton, NJ: Princeton University Press, 2008: 69.
[28]	转引自蒯因. 语词和对象. 陈启伟，等译. 北京：中国人民大学出版社，2005：307.
[29]	蒯因. 论何物存在 // 参见蒯因. 从逻辑的观点看. 江天骥，等译. 上海：上海译文出版社，1987：12.
[30]	同 [2]85.
[31]	参见 [2]85-86，88.
[32]	POGGE T. World Poverty and Human Rights: Cosmopolitan Responsibilities and Reforms. Cambridge: Polity Press, 2008: 58.
[33]	DWORKIN R. Is Democracy Possible Here? Princeton, NJ: Princeton University Press, 2006: 9.
[34]	同 [33]10. "人类尊严二原则"与德沃金此前提出的"伦理学个人主义的两条基本原则"差别不大，后者包括：第一，重要性平等的原则——"从客观的角度讲，人生取得成功而不被虚度是重要的，而且从主观的角度讲这对每个人的人生同等重要。"第二，具体责任原则——"虽然我们都必须承认，人生的成功有着客观上平等的重要性，但个人对这种成功负有具体的和最终的责任——是他这个人在过这种生活。"参见德沃金. 至上的美德. 冯克利，译. 南京：江苏人民出版社，

2007：6.

- [35] ARISTOTLE. Nicomachean Ethics. 1094a. 中文翻译参考：亚里士多德. 尼各马可伦理学. 廖申白，译. 北京：商务印书馆，2003；3.
- [36] 同 [35]1097a25-30, 1097b1. 中文译本同 [35]18-19.
- [37] 同 [35]1097b22-24. 中文译本同 [35]19，将廖译"活动"改译为"功能"。
- [38] See UYL D D, MACHAN T R. Recent Work on the Concept of Happiness. American Philosophical Quarterly, 1983, 20(2): 116.
- [39] 参见 [38]119.
- [40] 努斯鲍姆在论及繁荣与 eudaimonia 的关系时指出："繁荣就是过一个完整的好生活，就是不缺少任何使生活更好或者更加完整的要素。这是亚里士多德的基本观念，那些构成一个人的 eudaimonia 的基本组成部分的事物就是没有它们生活就会变得不完整的事物，它们是生活中最重要的事物或者行为。"FISOGNI V. Interview with Martha Nussbaum. A Parte Rei, September, 2005: 3.
- [41] 参见 [38]117.
- [42] 余纪元. 德性之镜：孔子与亚里士多德的伦理学. 林航，译. 北京：中国人民大学出版社，2009：97.
- [43] See RASMUSSEN D B. Human Flourishing and the Appeal to Human Nature. Social Philosophy & Policy, 1999, 16(1): 3-12.
- [44] 转引自 [43]2.
- [45] 事实上，涛慕思·博格在最近的研究中也在尝试将"人类繁荣"与世界正义以及人权理论相联系。同 [32]33-56.
- [46] 努斯鲍姆. 善的脆弱性. 徐向东，陆萌，译. 南京：译林出版社，2007：3.
- [47] WILLIAMS B. Ethics and the Limits of Philosophy. Cambridge, MA: Harvard University Press, 1985: 5.
- [48] 这段关于权利的表述借用自密尔. 功利主义. 叶建新，译. 北京：九州出版社，2007：123.
- [49] PLATO. The Republic. 349c-d. 译文参考柏拉图. 理想国. 郭斌和，张竹明，译. 北京：商务印书馆，1995：34.

3. 哈耶克与罗尔斯论社会正义 [1]

弗里德里希·奥古斯特·冯·哈耶克（Friedrich August von Hayek）一直被世人视作反对"社会正义"的旗手，从《通往奴役之路》（*The Road to Serfdom*，1944）、《自由秩序原理》（*The Constitution of Liberty*，1960），再到《法律、立法与自由》（*Law, Legislation and Liberty*，1973—1979，以下简称 *LLL*），以及《致命的自负》（*The Fatal Conceit*，1981），在哈耶克长达四十年的著述历史中，可以轻而易举地找到他对"社会正义"无所不用其极的抨击，比如说社会正义是"毫无意义的""空洞的"，是"哲学家的魔法石""原始概念""迷信"，等等。这些论述给人们留下一个刻板印象，认为哈耶克在任何意义上都不会接受"社会正义"的理念。与此同时，众所周知罗尔斯在1971年出版《正义论》，一举将"社会正义"奠定为此后四十年英美政治哲学的主要论题。初看起来，哈耶克与罗尔斯在"社会正义"问题上是针锋相对、水火不容的。但是让人感到困惑的是，在 LLL 中，哈耶克却对罗尔斯多有赞许之意，比如在第 2 卷"社会正义的幻象"序言里他是这么说的：

> 经过仔细的考察，我得出了这样一个结论，我原本想就罗尔斯的《正义论》所做的讨论，对我所探讨的直接目标并无帮助，因为我们之间的差异看起来更多的是语义上的而非实质的。尽管读者的第一印象可能不一样，但是我在本卷稍后处（第 100 页）引用的罗尔斯的陈述，在我看来，表明我们之间在我所认为的最根本论点上是有共识的。事实上，如我在那一段的注释里所表明的，在我看来罗尔斯在这个关键论题上的论点被广泛地误解了。[2]

在第 2 卷"社会正义的幻象"第 9 章"'社会'正义或分配正义"的最后一段，哈耶克再次重申：

> 令我感到遗憾和困惑的只是这样一个事实，即在讨论这个问题的时候，罗尔斯竟也采用了"社会正义"这个术语。但是我与罗尔斯的观点之间却并不存在根本的分歧……[3]

哈耶克的这些论述让人大感不解，尽管哈耶克在最后的著作《致命的自负》中与罗尔斯划清了界限，认为"罗尔斯的世界绝不可能变成文明世界：对于由运气造成的差异进行压制，会破坏大多数发现新机会的可能性"[4]。但自20世纪七八十年代以来,不断有学者加入这场学术公案的解读和争论中,有人坚持认为哈耶克是衣橱中的罗尔斯主义者(Closet Rawlsian)和平等自由主义者[5],有人认为哈耶克在根本问题上误读了罗尔斯,他们之间的分歧要远大于共识[6],也有人试图结合哈耶克和罗尔斯的理论发展出所谓的"罗尔斯哈耶克主义"(Rawlsekianism)[7],或者创立所谓的"市场的民主主义"(market democracy)[8]。应该如何理解哈耶克在 *LLL* 中的判断,到底是哈耶克误解了罗尔斯,还是如哈耶克所说的罗尔斯被世人广泛地误解了?两人在哪些核心论题上存在一致意见,他们真的"不存在根本的分歧",而只有字词之争而非实质之争吗?进而言之,我们可以从以哈耶克为代表的古典自由主义以及以罗尔斯为代表的平等自由主义那里得到什么启示?我们能够在不受约束的市场资本主义和日益陷入困局的福利国家之间走出一条新路吗?借由这场争论可以引申出许多值得深思的问题。

因篇幅所限,本书不探讨晚近一些学者融合哈耶克与罗尔斯理论的努力,而是通过细致的文本分析比较二者的社会正义观。哈耶克至少在两个重要的论题上和罗尔斯存在亲和性:第一,强调纯粹程序正义的重要性;第二,利用类似"无知之幕"的方法去构想最可欲的社会。[9]但是由于哈耶克与罗尔斯关于社会的本质理解不同,处理运气/命运的态度不同,反对福利国家的理由不同,对待经济自由和政治自由的观点不同,所以他们之间的分歧远不止于字词之争,而是存在实质之争。我们的最终结论是,哈耶克和罗尔斯同在广义的自由主义传统中工作，原则上都会认可如下的一般性判断："个体应该自由地追求他们自己的美好生活的观念，而政府的职能就是提供便利者"[10]，但是相较而言，罗尔斯的理论要比哈耶克更好地实现了这一价值理想。

一、哈耶克论社会正义与正义

在漫长的四十年著述历史中，哈耶克对"社会正义"的批评俯拾皆是、不胜枚举，但是万变不离其宗，如果对之分门别类，大致可区分为"语义学的批评""知识论的批评"以及"后果论的批评"。

所谓"语义学的批评"意在指出，将"社会的"与"正义"连接在一起乃是无意义的胡话。理由如下："严格说来，唯有人之行为才能被称为是正义的或不正义的。"[11]哈耶克认为，若要用"正义的"或"不正义的"去评价事态，就必须找出对促成或者允许该事态发生负责的行动者，否则在面对"一个纯粹的事实，或者一种任何人都无力改变的事态"时，就只能用"好的"或"坏的"去形容之，而不能用"正义的"或"不正义的"去评价之。[12]由于哈耶克把社会理解成自生自发的秩序，所以用"社会的"去形容"正义"就是把社会想象为一个有意向性的行动者，这是错误的"拟人化"的原始思维方式。在自生自发的秩序里，"每个个人的处境都是由许多其他人的行动造成的一种综合性结果"[13]，任何人都没有责任或力量决定某个特定的结果，因此"社会正义""分配正义"这样的术语甚至不是所谓的范畴错误，而是毫无意义的胡话。

所谓"知识论的批评"意在指出，社会正义不仅是没有意义的、空洞的胡话，而且有损于知识的声誉，因为没有人可以整体性地把握市场（社会）中的个体所具有的"分散性知识"，自生自发的市场秩序的功能之一就是为"个人可以自由地决定把自己的知识用于实现何种目的"提供条件，这是"选择自由"以及"个人自由"的精义所在；相反，一旦政府试图通过中央计划去安排所有人的实质性机会，以社会正义的名义把某种报酬模式强加给市场秩序，则是对人类有限理性的无视，是知识上的僭越。[14]

哈耶克认为，这种知识上的僭越会进一步造成政治和经济上的灾难性后果，对"社会正义"的笃信具有一种特殊的自我加速或强化的取向："个人或群体的地位越是变得依附于政府的行动，他们就越会坚持要求政府去实现某种可以得到他们认可的正义分配方案；而政府越是竭尽全力去实现某种前设的可欲的分配模式，它们也就越是会把不同的个人和群体的地位置于它们的掌控之中。"[15] 哈耶克认为这个过程"必定会以一种渐进的方式越来越趋近于一种全权性体制（a totalitarian system）"。[16] 我把这一批评称作"后果论的批评"。

以上三种批评彼此关联、环环相扣，最终都指向哈耶克对"社会"之本质的理解。借用迈克尔·奥克肖特（Michael Oakeshott）的术语，哈耶克认为存在着两种类型的秩序：一种是"受目的支配的"（teleocratic）秩序，其主要特征是用同一个目的等级序列来约束所有社会成员，这种秩序必定是一种人造的秩序或者"组织"（taxis）；另一种则是"受规则支配的"（nomocratic）秩序，也即自生自发的秩序（kosmos），对此哈耶克以"社会"命名之。[17]

在 LLL 序言中，哈耶克指出，一个由自由人组成的社会的维续，取决于三个根本的洞见：第一，自我生成演化的或者自生自发的秩序与组织秩序完全不同。第二，当下通常所说的"社会的"或者分配的正义，只是在上述两种秩序的后一种即组织秩序中才具有意义，而在自生自发的秩序中，也就是亚当·斯密（Adam Smith）所说的"大社会"或者卡尔·波普尔爵士（Sir Karl Popper）所说的"开放社会"里，则毫无意义且与之完全不相容。第三，那种占支配地位的自由民主制度模式，因其间的同一个代议机构既制定正当行为规则又指导或管理政府，而必定导致自由社会的自生自发秩序逐渐转变成一种服务于有组织的利益集团联盟的全权性体制。[18]

需要特别指出的是，哈耶克虽然反对"社会正义"这个术语，却并不反对"正义"这个概念。在 LLL 的某个脚注里，哈耶克援引了约翰·伦道夫·卢卡斯（John Randolph Lucas）《政治的原则》（The Principles of Politics）中的一段话：

> 面对人的不完善性，我们在一定程度上是从程序的角度来阐释法治的，这些程序的目的并不是为了确保绝对的正义得到实现，而是为了防止最糟糕的不正义。在政治哲学中，

"披着外衣"的是不正义而不是正义,这是因为,作为会犯错误的人,我们无力事先说出什么样的判决将始终是正义的,再者,由于我们生活在自私的人当中,所以我们也无力始终如一地保证正义得到实现;据此,从明确性这个角度来考虑,我们采取一种否定性的认识进路,并确定一些程序以避免某些可能产生的不正义现象,而不是去追求各种形式的正义。[19]

哈耶克之所以长篇大论地引用这段话,是因为它与哈耶克的正义观非常契合。我们可以总结如下:

第一,正义的规则是"抽象的","我们必须明确承认我们对于特定情势所具有的那种不可避免的无知"[20],所以我们只能从程序的角度而非结果的角度去寻求正义。

第二,正义规则是"否定性的"而非"肯定性的",它不是为了确保实现绝对的正义,而是为了防止最糟糕的不正义,这意味着它们"通常不向任何个人施加肯定性的义务"。[21]哈耶克同意马克斯·格拉克曼(Max Gluckman)的观点,认为"相互帮助和彼此支持这项普遍的义务"乃是部族社会尤其是血缘群体的典型特征,尽管"缺失这项义务,也正是大社会受到普遍指责的一个方面",但是哈耶克坚信"这项义务乃是与大社会不相容合的,而且否弃这项义务,也是我们为达致一种更为广泛的和平秩序所付出的部分代价"。[22]

第三,正义的追求与自生自发的秩序之间存在着密切的关系，哈耶克说："从历史上看，正是对正义的追求，才使得一般性规则系统得以生成和演化，而这个规则系统反过来又成了日益发展的自生自发秩序的基础和维护者。"[23]

为求更好地理解哈耶克的正义观在政治哲学谱系中的位置，我们不妨引入阿马蒂亚·森（Amartya Sen）在《正义的理念》（The Idea of Justice）中的区分。森认为存在思考正义的三个层面：消除不正义，促进正义，以及追求完美的正义世界。在他看来，欧洲启蒙运动传统中，有很多人念念不忘寻找和确认"完美正义的本质"，常常轻视甚至遗忘了前两个层面，森把这些人称作"先验制度主义"，代表人物包括霍布斯、洛克、卢梭（Rousseau）、康德（Kant）以及罗尔斯。与此相对，另一些人如亚当·斯密、孔多塞（Condorcet）、边沁（Bentham）、马克思还有约翰·密尔，更加关注促进正义尤其是消除不正义的事业，森称之为"比较的进路"。先验制度主义以制度安排为中心，把自己限定在对于完美正义社会的先验研究之上，比较进路则以实践为中心，关注的是已经存在或者可能会出现的社会之间的比较。[24]

若以森的区分为标准，哈耶克的正义观念恰恰介于先验制度主义和比较进路之间：他一方面强调正义的主题是"最抽象的规则"和"程序"，另一方面又认为正义规则的目标只可能是"否定性"的，它们"并不是为了确保绝对的正义得到实现，而是为了防止最糟糕的不正义"。哈耶克当然不是先验制度主义者[25]，因为在他看来自生自发的秩序是人类经验演化发展的结果，但另一方面他也不全然属于比较的进路，因为他同时强调抽象规则和程序正义的重要性，正是这一点让哈耶克坚信他与罗尔斯在"最根本论点上是有共识的"。

二、抽象规则与纯粹程序正义

哈耶克认为罗尔斯虽然令人遗憾地采用了社会正义这个术语，但他与罗尔斯之间只有字词之争而非实质之争，为佐证这一论断，哈耶克长篇摘录了罗尔斯的原文：

> 把选择具体的制度或选择分配欲求之物的方式这个任务视作正义的做法，必须"被视作一种原则性的错误而予以放弃，而且这种做法无论如何也是不可能有一个明确答案的。更为准确地说，正义诸原则所界定的乃是一些至关重要的限制性条件：如果要使那些涉入制度和联合活动中的人对它们没有怨言，那么这些制度和活动就必须符合这些限制性条件。如果这些限制性条件得到了满足，那么由此做出的分配，而不论它是什么样的分配，就都可以被视作正义的（或至少不是不正义的）分配而为人们所接受"。[26]

这段文字摘自罗尔斯1963年发表的论文《宪政自由和正义的概念》(Constitutional Liberty and the Concept of Justice)，它直接带出罗尔斯日后在《正义论》中关于"分配正义"(distributive justice)与"配给正义"(allocative justice)的区分：所谓分配正义，指的是在"社会基本结构"层面上对"基本善"进行分配；

所谓配给正义,则是在已知其欲望和需求的特定个人中就一定量的善进行分配。[27]

区分分配正义与配给正义的重要意义在于:首先,它再次强调了社会基本结构是正义的主要对象;其次,它告诉我们"纯粹程序正义"是考虑分配正义(社会正义)问题最恰切的概念。"纯粹程序正义"有三个主要特征:(1)对于什么样的分配是公平的,并不存在一个独立的标准。(2)存在一个公平程序,根据这个程序所造成的结果就是公平。(3)决定正义结果的这个程序,必须实际被执行。相比之下,配给正义则属于"不完美的程序正义",其特点是:(1)存在得出正确结果的独立标准;(2)没有确保导致正确结果的可行程序。罗尔斯认为,按照配给正义的思路,势必导致古典效益主义的观点,因为效益主义者认为在原则上存在判断所有分配是否正义的独立标准,因此配给正义隐含的正是不完美的程序正义观。[28]

在论及纯粹程序正义所体现出来的巨大的实践优点时,罗尔斯这样写道:"我们不再有必要详细地了解无数的特殊环境和个人在不断改变着的相对地位,我们也不再有必要确定一些原则来处理若这些细节与正义有关便会出现的一些极其复杂的问题。……我们要判断的是社会基本结构的安排,而且是以一种普遍的观点判断。……接受两个原则就构成这样一种理解:要把许多信息和日常生活中的复杂情况作为与社会正义无关的事情弃而不论。"[29]

哈耶克会毫无保留地认同罗尔斯的上述观念,尤其是对分配正义和配给正义所做的区分，以及强调正义无法实现"选择具体的制度或选择分配欲求之物的方式这个任务"，恰如哈耶克所指出的，这是他在 LLL 第 2 卷"社会正义的幻象"中"所力图阐明的观点"。[30]

哈耶克认为，对"自由主义的正义观念"而言，"真正重要的乃是竞争得以展开的方式，而不是竞争的结果"。[31] 对此哈耶克解释说，在自生自发的秩序中，有人通过正当的交易可能收获颇丰，有人通过正当的交易可能失去一切，无论结果是什么，只要人们竞争得以展开的方式是公平的，就不能否定这些交易是正义的。"正义所关注的并不是一个自生自发秩序所产生的那些非意图的后果，因为这些后果并不是任何人所刻意促成的。"[32]

由此可见，哈耶克虽未使用"纯粹程序正义"这个术语，但是他心中所想的正是这个概念，因为自生自发的秩序在处理正义问题时完全满足"纯粹程序正义"的主要特征："不存在判定正当结果的独立标准，而是存在一种正确的或公平的程序，这种程序若被人们恰当地遵守，其结果也会是正确的或公平的，而无论它们可能会是一些什么样的结果。"[33]

分析至此，哈耶克与罗尔斯的唯一分歧似乎就在于哈耶克将配给正义等同于社会正义（分配正义），因此主张彻底废除社会正义（在配给正义的意义上）这个概念，而罗尔斯区分了配给正义与社会正义（分配正义），因此仍旧坚持使用社会正义（在非配给正义的意义上）这个概念。哈耶克敏锐地意识到这是他与罗尔斯的争点所在，所以才会认为二人之间只有字词之争而非实质之争。但是我们认为，二者虽然共同接受"纯粹程序正义"的重要性，但他们对于"竞争得以展开的方式"的"公平性"理解不同，对社会之本质的理解不同，因此他们之间的分歧是根本性的，不过在进入这个分析之前，我们将首先探讨哈耶克与罗尔斯之间另一个隐而未显的潜在共识。

三、无知之幕与最可欲的社会

任何政治哲学家都会在规范意义上展望一种理想的或者可欲的社会秩序，哈耶克亦不例外。哈耶克的选择原则是这样的："我们应当把这样一种社会秩序视作最可欲的社会秩序，亦即在我们知道我们于其间的初始地位将完全取决于偶然机遇（比如我们出生在某个特定家庭这类事实）的情形下我们便会选择的那种社会。由于这种机遇对任何一个成年人所具有的吸引力都可能是以他已然拥有的特殊技艺、能力和品味为基础的，所以更为确切地说，最好的社会乃是这样一种社会，亦即在我们知道我们的孩子于其间的地位将取决于偶然机遇的情形下我们仍倾向于把他们置于其间的那种社会。"[34]

为解释这一原则，哈耶克提到了自己的一次亲身经历。1940年，哈耶克一家居住在伦敦，当时英国正面临纳粹空军的密集轰炸，有几个中立国邀请哈耶克移民，哈耶克不得不严肃地考虑到底应该把自己年纪尚幼的孩子送到哪个国家。他比较了阿根廷、美国和瑞典这些具有极为不同的社会秩序的国家，他考虑的标准是：我的孩子会在其间成长的那个国家的条件有多少是由机遇决定的？这让哈耶克意识到，指导他为孩子们做出合理选择的原则不同于指导他本人做出类似选择的原则，当时哈耶克四十出头，已经拥有了稳固的社会地位，具有一技之长、固定的趣味以及人格，而他的孩子不同，哈耶克说："考虑到我的孩子们还需要发展他们的人格，所以我认为，由于美国社会不存在旧世界中那种严格的社会等级差别——尽管这种差别对我颇具好处——我决定为我的孩子们选择美国。（也许我应当补充一点：这样的选择乃是以这样一种默会的想法为基础的，即我的孩子们在美国会被送到一个白人家庭而不是一个有色人种的家庭中生活。）"[35]

正如众多学者所指出的，哈耶克在此展示的推理逻辑与罗尔斯的无知之幕非常类似。[36]当然相比罗尔斯，哈耶克的思想实验仅仅停留在初级反省阶段，他既没有意识到与罗尔斯的共通之处，更没有自觉地将此方法拓展应用到整个思想体系，而且再一次，他在术语使用上坚持不用"正义"来形容"社会"，而是用"最可欲的社会秩序"——这似乎再次证明了他与罗尔斯之间的"字词之争"。接下来的问题是，哈耶克与罗尔斯存在实质之争吗？如果存在，其具体内容到底是什么？

上述例子表明，当哈耶克在为孩子构想"最可欲的社会秩序"时，主要考虑了两个要素，从肯定性的角度看，他希望在这个社会中的"初始地位是纯粹经由选择而决定的"，从否定性的角度看，他不希望固有的社会等级差别、肤色等外在偶然因素干涉孩子的成长过程。这里的关键概念一为"选择"，一为"外在偶然因素"[37]，这个思路很容易让我们联想起威尔·金里卡（Will Kymlicka）对罗尔斯的评价："罗尔斯的核心直觉涉及选择（choices）与环境（circumstances）之间的区别。"[38]也很容易让我们联想起德沃金、金里卡等人总结的平等自由主义基本原则——"敏于志向，钝于禀赋"。我认为，如何评价"选择"和"环境"（罗尔斯的术语是"道德上任意的因素"）对于人生的影响，特别是如何理解"竞争所得以展开的环境"的"公平性"，乃是哈耶克与罗尔斯（以及德沃金、金里卡为代表的平等自由主义）出现实质之争的关键所在。

四、个人选择、运气与正义

哈耶克认为，自发秩序或法治的极端重要性基于这一事实："它扩大了人们为相互利益而和平共处的可能性。"[39]对此安德鲁·李斯特（Andrew Lister）进一步指出，在哈耶克眼中，"市场社会的伟大发现不在于自私自利如何能够转而为公共利益服务，而是有着极端不同目标的人们如何能够开始合作，每个人都是为了自己的目标而行动，却以某种方式一般性地惠及他人"。[40]

初看起来，哈耶克的观点与罗尔斯所主张的"社会是一种为了相互利益的合作冒险"相去不远，但是细查二者的表述，却能发现他们对于社会之本质的理解存在重大差别。

哈耶克认为市场（社会）是一种"非人格化的过程"，它就像是一场竞赛。

竞赛结果是不可预测的,而且通常来说也总是有赢家和输家的。就像在一场竞赛中那样,我们在市场竞赛中完全有理由要求人人公平竞争,也完全有理由要求人人诚实无欺,但是,如果我们要求竞赛结果对每个参与者都保持公平,那么我们的这种要求就会变得极为荒谬。因为我们知道,这种竞赛的结果在某种程度上肯定是由技艺决定的,而在某种程度上又必定是由运气决定的。[41]

如前所述,在展望最可欲的社会秩序时,哈耶克曾经隐然接受了"选择"与"环境"的区分,但是他并没有将这一思路贯彻到自己的政治哲学中。相反,他一方面接受"技艺"与"勤奋"对个体成败的影响,另一方面又认可"运气"或者"纯粹偶然的事件"的横加干涉。哈耶克指出自发秩序的主要功能就在于"为千变万化的个人需要提供最佳的追求机会",但是这个论断更像是一个信念而非一个事实。为什么市场能够自始至终为所有人提供一个公平的竞争环境?为什么千变万化的个人可以在自生自发的秩序中获得"最佳的追求机会"?对于这些问题,哈耶克并没有给出令人信服的论证。他反复强调的观点是,在接受自发秩序和法治的前提下,个体必须接受技艺、勤奋以及运气等要素综合影响下所产生的任何结果,在此过程中个人可以"向上帝或命运女神埋怨命运不公",但断断不能以社会正义的名义对此结果进行修正。

罗尔斯对待运气和纯粹偶然事件的态度和哈耶克迥然不同。

在罗尔斯看来，社会虽然是为了相互利益的合作冒险，但是在冒险的过程中，首先需要确立的是"社会作为一个世代相继的公平的社会合作体系的理念"，这个理念意味着："在公平的正义中，人们同意相互分享各自的命运。他们在设计制度时，只是在有利于共同利益的情况下才会利用自然和社会的偶然因素。正义二原则是一种对待命运中的偶然因素的公平方式。"[42]

罗尔斯对待技艺和勤奋的态度也与哈耶克存在重大差异。在哈耶克那里，技艺和勤奋无疑属于个体选择的范畴，但罗尔斯却认为它们同样可能深受道德任意因素的影响，因此带有非选择色彩，譬如一个出身贫寒的孩子不仅可能因为缺少教育而不具备必要的技艺，也可能由于对生活前景缺少信心而失去勤奋工作的动力，由此，社会基本结构也应该对影响个体技艺和勤奋的道德任意因素进行调整。

尽管罗尔斯从未正式回应过哈耶克的观点，哈耶克的名字甚至都从未出现在他的著作中，但这并不意味着哈耶克式的理论不在罗尔斯的批评视野里。按照罗尔斯的分析框架，因其强调"效率原则"与"向才能开放"的结合，哈耶克式的古典自由主义属于"自然的自由体系"。这一体系最明显的不正义之处，"就是它允许分配的份额受到这些从道德观点看是任意的因素的不恰当影响"。[43] 与"自然的自由体系"不同，公平的正义属于"民主的平等"，这意味着"差别原则"与"公平的机会平等"的结合，其宗旨在于尽可能地减少自然偶然性以及消除社会偶然性对于个体的任意影响。

哈耶克认为自发秩序将"为千变万化的个人需要提供最佳的追求机会",如果替罗尔斯回应哈耶克,他会说,只要存在道德任意因素的影响,只要没有对选择和环境做出严肃认真的区分,哈耶克的理论就不可能真正实现自我预期的目标,因其主张的只是"职位向才能开放"意义上的形式的机会平等而非公平的机会平等。[44]

在"选择"和"环境"的区分问题上,罗尔斯的理论并非无可指摘,同为平等自由主义阵营的金里卡就曾经这样质疑:"我赞同罗尔斯的核心直觉,但罗尔斯本人既为自然不平等留下太大的影响空间,又为我们的选择留下太小的影响空间。"[45]比方说,一个资质平庸(没有自然天赋的优势)、白手起家(没有阶级和家庭背景的优势)、通过个体的辛勤努力致富的人,应该运用差别原则让他对更少受益者买单吗?再比如说,一个资质甚高(拥有自然天赋的优势)却好吃懒做(缺少正确的志向)最后堕入最少受益阶层的人,差别原则应该为他的选择性贫穷做出补偿吗?金里卡的批评意在指出,由于无法正确地区分"选择"和"环境"对于"最少受益者"所发挥的影响和权重,当把差别原则应用到具体个人时,它不仅有可能无法实现"抵消了自然偶得和社会偶得的不平等"这个目标,反而有可能造成"钝于选择"的效果,因为"当收入的不平等是自由选择的结果而非境况左右的结果,企图消除不公平的差别原则反而会制造不公平"。[46]

必须承认,具体到个体层面,我们几无可能区分出哪些不利境况是由个人选择所致,哪些不利境况是由非个人选择所致——

这让我们再次回想起哈耶克关于个人知识之分散性的观点。虽然罗尔斯可以回应说，基于分配正义和配给正义的区分，正义二原则将始终活动在社会基本结构层面，把差别原则直接用来分析个人境况的做法是"非法"的。但是这个解释并不能完全消除反对者的困惑，因为我们并不清楚在差别原则的指导下究竟会制定出哪些具体的分配政策，在这个问题上罗尔斯与其说是保持了审慎的模糊，不如说根本就无法给出具有可操作性的指导原则。进而言之，这个质疑还促使我们重新思考分配正义和配给正义的区分，哈耶克的担心看起来是有道理的，只要不取消分配正义（社会正义）这个概念，它就必然会在具体的政治经济安排中插手配给正义，从而放任国家/政府干预价格制定和经济活动，并最终破坏市场秩序。

从罗尔斯的角度出发可对上述质疑做出三点回应：

第一，按照"纯粹程序正义"，只要个人在公平程序的框架下参与自愿的交换，无论具体结果是什么都是正义的，但是问题的关键在于，单靠纯粹程序正义并不能解决初始竞争环境的公平性，也不能回答正义原则的具体内容。哈耶克诉诸自发秩序的历史演化，强调正义原则是人类行动的后果而非理性设计的结论，但是这种纯形式化的回答无法令人相信竞争得以展开的方式是公平的。罗尔斯对于这一问题的敏感性要远高于哈耶克，他一方面诉诸"纯粹程序正义"观念，一方面借助反思的均衡确保原初状态也即初始的立约环境的公平性，指出正义原则是"由参与合作的自由而平等的公民所达成的一致意见，并且是根据他们视为彼此之间互惠利益或善的东西所制定的"。[47]这意味着在选择正义原则的时候，既要借助于"纯粹程序正义"的观念，同时也部分地根据某些实质性的道德价值——譬如是否确保存在公平的机会平等以及最有利于最少受益者——来得到定义。[48]

第二，罗尔斯认为，哪怕我们接受古典自由主义和自由意志主义的基本前提——个体之间的交换是信息充分并且自愿的，但如果我们放宽历史的视野，将代际因素考虑进来，就会发现"个人和团体所达成的众多分散并看来公平的协议，经过长时期的积累，其结果非常可能会破坏自由和公平的协议所需要的背景条件"。[49]换言之，哪怕是在最理想的条件下，个体之间源于自愿的市场交换所导致的贫富差距也可能经过世代的累积而无法为后人提供公平的竞争环境，方此之时，千变万化的个人将无法在哈耶克所谓的自生自发的秩序中获得"最佳的追求机会"，"除非基本结构被不断地加以调整，否则早期各种财产的正义分配不能保证后来的分配也是正义的，而不论个人和团体之间所进行的具体交易，当从局部和脱离背景制度来看的时候，是多么出于自愿和公平"。[50]

第三，退一步讲，即便分配正义（社会正义）的主张将不可避免地滑向配给正义的主题，也不意味着会一路滑向哈耶克所担心的极权主义深渊。哈耶克在1956年也即《通往奴役之路》出版十二年后撰文表示，反对者认为，英国的社会主义政府在六年中并没有造成任何同极权主义国家相似的东西，对此哈耶克指出该书的主要论点之一是："广泛的政府控制所引起的变化是一种

3. 哈耶克与罗尔斯论社会正义

心理变化，是人民性格上的改变。这肯定是一个缓慢的过程，这个过程不是几年，而是大概需要一两代人的时间。"[51] 但问题在于，如今距离《通往奴役之路》出版已经过去七十多年，哈耶克的上述预言仍然没有实现。正如唐·阿瑟（Don Arthur）所指出的："哈耶克用了一生的时间来反对 1930 年代和 40 年代的社会主义。但是到了 1970 年代，平等主义的一流思想家们已经向前发展了，无论是他们的政策还是理念。尽管哈耶克对于社会主义的计划经济的反驳是毁灭性的，但是他的著作对于反驳罗尔斯所激发出来的社会民主主义的视野却贡献甚少。"[52]

五、福利国家抑或财产所有的民主制

哈耶克反对打着社会正义的旗号实施福利政策，但并不反对以别的理由实施一定程度的福利政策，在《自由秩序原理》中，哈耶克写道：

> 实际上，所有的现代政府都对贫困者、时运不济者和残疾者进行了救济，而且还对健康卫生问题和知识传播问题予以了关注。我们没有理由认为，这些纯粹的服务性活动，不应当随着财富的普遍增长而增加。此外，也的确存在一些只有通过集体行动才能满足的公共需求，而且通过这样的方式来满足公共需求，也不会限制个人自由。[53]

在 *LLL* 中，哈耶克再次重申类似的观点：

> 我们完全有理由认为，在自由的社会中，政府也应当以一种确获保障的最低收入的形式来确使所有的人都得到保护并免遭严重而残酷的剥夺。[54]

有论者认为哈耶克虽然反对以社会正义之名支持福利政策，但支持福利政策这个事实本身再次说明了他和罗尔斯之间只有字词之争。我认为，这个论断仅仅看到了表象，忽视了哈耶克与罗尔斯在福利政策上两个根本性的差异。

首先，在政治哲学以及一般意义的哲学思考中，理由的区别是最根本的区别，假定两种理论都支持同一种制度或者政策，如果证成的理由不同，则二者之间的差异就绝不只是字词之争，而更可能隐含了根本的实质之争。哈耶克支持一定程度的福利政策，其理由要么是视其为个体的道德义务，要么视其为社会稳定的需求，前者属于交往性道德的要求，后者属于后果论分析的范畴。不管怎样，哈耶克都竭力反对以社会正义的名义把福利政策上升到法治层面的基本原则。对哈耶克来说，让国家走上奴役之路的关键不在于国家会以某种方式支持健康或者失业保障，而是诉求社会正义。相比之下，罗尔斯支持一系列的福利政策，其理由既不是从个体的互动性道德要求出发，也不是出于后果论的考量，而就是从社会正义的角度出发寻求制度上的解决之道。涛慕思·博格正确地指出了其中的逻辑："罗尔斯之所以集中关注社会正义，乃是由于他洞察到，伦理学越来越不能处理现代社会具有重要道德意义的方面的问题。现代社会引起了大量的社会问题，制度性道德分析远比交往性道德分析更能很好地解决这些难题。交往性道德分析试图用他人做出的道德上失当（错误）的行为来解释某些人所蒙受的损失。制度性道德分析则寻求用道德上失当（非正义）的社会制度来解释这些损失在统计学上的发生率。"[55]

其次，也是最重要的是，罗尔斯并非"福利国家的资本主义"（welfare-state capitalism）的支持者——虽然这是最常见的流俗理解之一。对罗尔斯来说，最能体现其正义二原则的政经体制并非福利国家的资本主义制度，而是"财产所有的民主制"（property-owning democracy）或者"自由社会主义"（liberal socialism）。罗尔斯谈论较多的是财产所有的民主制，它与福利国家的资本主义的共同之处是"都允许生产资料的私有制"。二者的差别在于："财产所有的民主……试图分散财富和资本的拥有，由此就避免社会的少部分人控制经济并因此间接地控制政治生活……不是通过把收入再分配给那些在每个时段的最后阶段收入最少的人，而是通过在每个时代的开始就确保生产资本以及人力资本（教育能力和受训练的技术）的广泛拥有。"[56]

福利国家的资本主义的弊端不一而足，对罗尔斯来说，最不能容忍的是福利国家的资本主义会产生出一种"沮丧而消沉的下等阶级，其众多成员长期依赖于福利。这种下等阶级会感到自己被抛弃了，从而放弃参与公共政治文化"。[57]财产所有的民主制与此不同，按照罗尔斯的构想，这个制度中既不会产生依赖性的文化，也不存在任何下等阶级，即便存在很小数量的这一阶级，也不是社会基本结构的后果，而是"社会条件的结果"，"而对于这些社会条件，我们不知道如何去加以改变，或者我们甚至根本无法将它们辨认出来或理解它们"。[58]为了实现以上目标，就需要通过限制一定程度的经济自由来保障每个公民都拥有平等的政治自由，避免少数权贵把控整个政治生活，罗尔斯说："为了贯彻一种作为世代相传的在自由和平等的公民之间的公平合作体系的社会的观念，由此，基本制度必须从一开始就把成为一个社会的完整意义的合作成员的生产资料交由普泛的而不是少数的公民手中。其重点在于由遗产法和赠与法所保障在相当时间内资本和资源的拥有权稳定地分布，以及由教育和技术训练等部门所保证的机会的公平平等，还有支持政治自由的公平价值的制度。"[59]

行文至此，我们已经触及哈耶克与罗尔斯最根本的分歧，也即对自由的定义特别是对经济自由和政治自由的定义和权重，存在根本分歧。

六、经济自由与政治自由

哈耶克自称在"最原始的意义"上把"自由"定义为"独立于他人的专断意志"，"在此状态下，一些人对另一些人所施以的强制，在社会中被减至最小可能之限度"。在这个意义上，"个人自由""人身自由"这些表达可与"自由"互换使用。[60]

为明确论点，哈耶克在概念上区分了其他三种不同的自由定义。首先是"政治自由"，其含义是"指人们对选择自己的政府、对立法过程以及对行政控制的参与"。[61]哈耶克明确反对政治自由，认为这是一个群体性的概念，其危险性在于"一个人可以通过投票或缔结契约的方式而使自己处于奴役状态，从而同意放弃原始意义的自由"。[62]

其次是对"内在自由""形上自由"或曰"主观自由"的理解。哈耶克认为一个人能否理智地在不同替代方案中做出选择或者能否理智地贯彻一项他业已拟定的解决问题的方案，与其他人是否将他们的意志强加于他，属于两个根本不同的问题，前者属于内在自由范畴，后者属于他所青睐的自由定义。[63]

最后需要加以区分的自由概念是把自由理解为"做我想做的事情的实质能力"。哈耶克认为这是社会主义者所主张的自由定义，其危险性在于它将会以自由之名压制个人自由，从而导致极权主义的恶果。[64]

对哈耶克来说，自由的重要性不在于它促成的目标有多崇高，而在于它为个体行动所打开的可能空间有多大。他之所以推崇自发秩序，理由正在于自发秩序会"为千变万化的个人需要提供最佳的追求机会"；同理，哈耶克之所以反对组织，理由也在于"组织的全体成员要为同一个目标体系服务"——而这会对个体的行动自由造成根本性的伤害。[65]

哈耶克指出他的自由观重在强调"行动的自由"而非仅仅是"经济的自由"，因为前者的内涵要远大于后者。[66]但是细查哈耶克的论述逻辑却能发现，经济自由在其理论中的重要性是毋庸置疑的。早在《通往奴役之路》中，哈耶克就明确指出20世纪早期的社会主义倾向将导致一种新的奴役形式，在社会主义的观念指引下,"我们逐渐放弃了经济事务中的自由,而离开这种自由,就绝不会存在以往的那种个人的和政治的自由"。[67]这段表述很清楚地告诉我们经济自由是个人自由和政治自由的基石。在1973年为意大利《新世纪百科全书》撰写"什么是自由主义"时,哈耶克再次强调了经济自由的重要性,对此他做了一个非常形象的比喻:"如果政府控制着印刷设备,就不会有出版自由,如果必要的空间受到这样的控制,就不会有结社自由,如果运输手段被政府垄断,就不会有迁徙自由,如此等等。"[68]在这篇总结性陈述中,哈耶克的最终结论是:"这就是由政府支配一切经济行动……为何必然会给个人能够追求的目标造成严重限制的原因。大概20世纪的政治发展所提供的最有意义的教训就是,在我们已经了解的所谓极权主义制度中,对生活的物质内容的控制,使政府也拥有了深入控制精神生活的权力。正是目的在于提供各种手段的不同独立机构的多样性,使我们能够选择我们愿意追求的各种目标。"[69]

相比古典自由主义和自由意志主义对经济自由和财产自由之绝对性的强调,平等自由主义对于自由的理解要丰富得多。以罗尔斯为例,他反对仅仅从否定性的角度去定义自由,在他看来,无论现代人的自由还是古代人的自由"都深深地植根于人类的渴望之中",基于这个考虑,他接受吉拉德·麦考伦(Gerald Mac Callum)对自由做出的三位一体式的理解:"这个或那个人(或一些人)自由地(或不自由地)免除这种或那种限制(或一组限制)而这样做(或不那样做)"。[70]

在正义第一原则中，罗尔斯开列了包括良心自由、思想自由、结社自由在内的一系列基本自由权，其中有两个条目与本章的主旨直接相关。

第一，罗尔斯强调"平等的政治自由权"（包括投票权、担任公职的权利、集会自由、组织和加入政党的权利）的重要性，这与哈耶克形成了鲜明的对比。罗尔斯指出："从历史角度来看，宪政体制的一个最主要的缺陷就在于未能实现政治自由的公平价值……此法律体系普遍容忍了大大超出政治平等所能容纳的资产和财富分配的不平等。"[71]

第二，为了实现政治自由的公平价值，就需要对基本自由权中的私有财产权做出特殊规定。具体说来，罗尔斯把特定类型的财产权（例如生产资料的所有权）以及契约自由这两个被古典自由主义和自由意志主义理论最为看重的经济权利挪出基本自由权的范畴。这个做法在理论上意味着作为基本权利的私有财产权并不包括无限累积的权利，也不包括生产资料的绝对拥有权以及经济资源不受制约的使用和转让权，在现实中则意味着允许政府通过遗产法、赠与法等方式来调整和确保自由和公平的协议所需要的背景正义。

哈耶克与罗尔斯在经济自由和政治自由问题上的分歧反映的是二者根本问题感的差异。终其一生，哈耶克最关心的问题就是如何避免"一个强有力的极权主义国家重生的危险"[72]，为此他反对一切形式的集体主义，并把捍卫市场的自生自发特征等同于捍卫经济自由，进而将捍卫经济自由等同于捍卫个人自由。如前所述，在设想最可欲的社会秩序时，哈耶克已经隐然接受了选择与环境的区分，认为一个人若想发展其健康的人格就必须免于道德上任意因素的影响。令人遗憾的是，哈耶克未能意识到内在逻辑的不一致性，在具体展开其理论时他放弃了选择和环境的区分，把社会简单地理解为一场优胜劣汰的竞赛，无视市场环境可能存在的不公平，主张在形式化的法治前提下，个体必须承担运气和偶然因素的影响，反对通过诉诸社会正义在基本制度层面对此做出补偿。

对于哈耶克的政治哲学，冯克利有过一个相对公允的评价，在他看来，哈耶克的"作为方法论的'个人主义'……并非一种救赎哲学，而是有着高度形式化的特点，它把为这种形式填充内容的任务交给了每个人的道德责任。从他始终表现出关心人类福祉的情怀这个大前提说，我们可以猜想，大概他不会反对在促进'实质的个人主义'幸福这方面所做的努力。但是公共权力除了维持'公正行为的规则'，它在这方面还能为人类福祉做些什么，我们从哈耶克那儿并不能得到更多的启示"。[73] 罗尔斯的政治哲学也不是救赎哲学，他自称是"现实主义的乌托邦"[74]，某种意义上，罗尔斯的正义理论正是接着哈耶克往下讲：公共权力除了维持公正行为的规则，还能够为人类的尊严和价值做出更多实质性的贡献。作为自由主义者，罗尔斯反对中央计划经济以及传统理解的社会主义，因为它侵犯了包括私有财产权在内的一系列基本权利；作为平等主义者，罗尔斯反对不受约束的自由市场和传统理解的资本主义，因为它赋予所有者阶层过多的经济权力和政治权力,从而侵犯了公平的政治自由和公平的机会平等等价值。罗尔斯所关心的问题,一言以蔽之,就是如何通过确立一种正义的制度以使生活于其间的每一个自由平等的道德人都能过上有价值的人生。相比哈耶克问题,罗尔斯问题关注的是"更高的理想",借用约翰·托马西(John Tomasi)的观点,"这是民主社会的理想,生活在其中的人们,作为公民是以自由和平等的道德存在者相遇的。正义要求我们寻求建立一个社会世界,所有公民都能在其中发展和实践他们的道德能力,包括那些在基因和社会博彩中处于劣势的人的能力"。[75]

七、小结

综上所述,我认为哈耶克虽然正确地认识到他与罗尔斯都反对"把选择具体的制度或选择分配欲求之物的方式这个任务视作正义的做法",都接受"纯粹程序正义的重要性",在构想最可欲的社会秩序时都采用了无知之幕的思考进路,但是由于他们关于社会的本质理解不同,处理运气/命运的态度不同,反对福利国家的理由不同,对待经济自由和政治自由的观点不同,所以他们之间的分歧远不止于字词之争,而是存在实质之争。立足于广义的自由主义传统,哈耶克与罗尔斯应该在原则上都会认同如下判断:"个体应该自由地追求他们自己的美好生活的观念,而政府的职能就是提供便利者"[76],但是比较而言,罗尔斯的理论要比哈耶克更好地实现了这一价值理想。

注 释

[1] 本研究得到了中国人民大学科学研究基金暨中央高校基本科研业务费专项资金（批准号：11XNL007），以及中国人民大学科学研究基金"明德青年学者"项目（批准号：13XNJ049）的资助。钱永祥、陈宜中、段忠桥、姚大志、陈晓旭、曹钦、王艳秀等同仁对于本章提出了宝贵的修改意见，在此一并鸣谢。文中存在的任何问题均由本人负责。
[2] 哈耶克.法律、立法与自由：第 2 卷.邓正来，等译.北京：中国大百科全书出版社，2000：4.译文参照英文原版稍有调整或修改，以下不赘述。
[3] 同 [2]169.
[4] 哈耶克.致命的自负.冯克利，等译.北京：中国社会科学出版社，2000：83.
[5] See LISTER A. The "Mirage" of Social Justice: Hayek Against (and For) Rawls. 2011. http://social-justice.politics.ox.ac.uk/materials/SJ017_Lister_MirageofSocialJustice.pdf.
[6] See ARTHUR D. Rawls versus Hayek. Political Theory, 1986, 14(2): 307-310.
[7] See WILL W. Is Rawlsekianism the Future? 2006. http://www.cato.org/blog/rawlsekianism-future.
[8] See TOMASI J. Free Market Fairness. Princeton, NJ: Princeton University Press, 2012.
[9] 安德鲁·李斯特认为在规范性原则的层面上，哈耶克有许多方面都是罗尔斯主义者，他认为二者在四个问题上存在共识：纯粹程序正义的重要性，功绩的无关性，无知之幕的使用，以及不平等应该惠及所有人的原则。（参见 [5].）我不完全认同这一判断，理由是"功绩的无关性"可在"纯粹程序正义的重要性"中得到解释，而在"不平等应该惠及所有人"的具体表述上，哈耶克和罗尔斯存在根本性的不同。
[10] ARTHUR D. Hayek & Rawls. 2014. http://evatt.org.au/papers/hayek-rawls.html.
[11] 同 [2]50.
[12] 同 [2]50.
[13] 同 [2]50.
[14] 参见哈耶克.经济、科学与政治——哈耶克论文演讲集.冯克利，译.南京：江苏人民出版社，2003：298.
[15] 同 [2]124-125.
[16] 同 [2]125.
[17] 参见 [2]20.
[18] 参见哈耶克.法律、立法与自由：第 1 卷.邓正来，等译.北京：中国大百科全书出版社，2000：2.
[19] 同 [2]101.
[20] 同 [2]55.
[21] 同 [2]56.

[22] 同 [2]102.
[23] 同 [2]82.
[24] See SEN A. The Idea of Justice. Cambridge, MA: Harvard University Press, 2009: 5-8.
[25] 我亦不认为罗尔斯属于先验制度主义者,详细论述参见:周濂.把正义还给人民 // 邓正来, 主编.复旦政治哲学评论:第二辑.上海:上海人民出版社, 2010.
[26] 同 [2]169. 哈耶克在注脚中指出一些论者常常把罗尔斯的《正义论》解释成一部支持社会主义的论著, 在他看来这种解释是错误的。
[27] See RAWLS J. A Theory of Justice. Cambridge, MA: Harvard University Press, 1999: 77. 译文参考罗尔斯. 正义论. 何怀宏, 何包钢, 廖申白, 译. 北京:中国社会科学出版社, 2009.
[28] 参见 [27]74-75.
[29] 同 [27]76.
[30] 值得一提的是, 虽然哈耶克从未提及罗尔斯的"基本善", 但是他对于"多种目的之工具"的阐释与罗尔斯的"基本善"非常类似:"在大社会中, 人们之所以有可能保有和平和达成共识, 实是因为个人不必就目的达成共识, 而只需就那些有助益于各种各样的目的之实现且能够有助益于每个人实现自己的目的的手段达成共识。"(参见 [2]4-5.) 不过, 哈耶克本人应该没有意识到这个类似性, 因为他从未提及罗尔斯"基本善"的概念。在他眼中, 他和罗尔斯之间的一致性主要体现在他们都反对配给正义, 以及都支持"纯粹程序正义"。
[31] 同 [2]59.
[32] 同 [2]59.
[33] 同 [27]75.
[34] 同 [2]223-224.
[35] 同 [2]230.
[36] 唐·阿瑟指出, 有许多作者如伊丽莎白·安德森(Elizabeth Anderson)、劳伦斯·科宁(Lawrence Connin)、亚瑟·戴蒙德(Arthur Diamond)以及约翰·格雷(John Gray)均提到了这一类似性。(同 [10].)
[37] 哈耶克在《自由秩序原理》中指出他和平等主义者的不同在于, 后者认为个人能力间的差异有一部分是生来具有的, 另一部分是受环境影响而产生的, 而哈耶克认为关键的问题在于:"我们是否有足够的理由大举变更我们的制度, 以尽可能地消除那些出于环境影响的优势?"他的回答是否定的。哈耶克具体考察了家庭、继承和教育这三个领域, 虽然某些具体分析很有洞见, 但遗憾的是, 他的最终结论要么将平等主义的诉求归因于妒忌, 要么在配给正义的层面上强调"根据品行获得报酬"之不可行性。(哈耶克. 自由秩序原理:上册. 邓正来, 译. 北京:生活·读书·新知三联书店, 1997:106-124.) 我认为, 哈耶克的第一个结论过于简单, 没能如罗尔斯一样很好地区分妒忌、怨恨与愤恨, 第二个结论只是重述对社会正义的知识论批评, 罗尔斯关于分配正义和配给正义的区分已经很好地回应了这个问题。

[38] 金里卡. 当代政治哲学. 刘莘, 译. 上海: 生活·读书·新知三联书店, 2004: 132.
[39] 同 [2]393.
[40] 同 [5].
[41] 同 [2]129.
[42] 同 [27]88.
[43] 同 [27]68.
[44] 参见哈耶克. 自由秩序原理: 上册. 邓正来, 译. 北京: 生活·读书·新知三联书店, 1997: 111.
[45] 同 [38]132.
[46] 同 [38]139. 约翰·托马西指出, "绝大多数著名的古典自由主义者和自由意志主义者都分享了一个奇妙的特征: 在拒绝分配正义理念的同时, 他们通过预言自己所支持的制度将创造出有利于穷人的分配模式来为之做辩护"。这个奇妙的做法意味着, 即使是古典自由主义者和自由意志主义者也认识到不能无视底层人民, 因为 "从道德的观点看, 一个对辛苦工作的穷人无所作为的制度是存在缺陷的"。(参见 [8]125.) 哈耶克曾在一次讲座中为自由市场制度辩护道: "感谢这不平等的分配, 穷人在竞争性的市场经济中的所得要多于他们在中央指导制度下的所得。"(转引自 [10].) 这个说法意味着古典自由主义者以及自由意志主义者与平等自由主义者还存在着一个更加令人深思的争点: 哪种理论才是在事实上更有利于穷人的? 显然, 在前者看来, 平等自由主义者占据的只是道德上的高地, 但是从经济学或者事实性的角度出发, 平等自由主义的规范性理论也许恰恰不能让穷人受惠。由于这个问题超出本章的论述主题, 在此不做深入分析。
[47] 罗尔斯. 作为公平的正义. 姚大志, 译. 上海: 生活·读书·新知三联书店, 2002: 25.
[48] 有人据此认为哈耶克与罗尔斯的根本区别在于, 前者主张自发秩序和正义原则是社会演化的结果, 后者则是理性建构主义的范本——而这正是哈耶克所反对的。但是我认为这个比较太过表面, 如果深入了解罗尔斯的理论, 就会发现其中同样包含非常重要的非建构性要素, 譬如正义二原则不是借助于人类的先验理性无中生有发明出来的, 而是针对美国宪政民主两百年历史的一种理论抽象, 无知之幕背后的立约各方并不是基于理性建构发明出正义二原则, 而是针对历史上既有的正义原则清单做出的选择, 这与哈耶克所说的抽象原则 "在人们意识到其存在或理解其运行机制之前就已经存在了" 的观点并不矛盾。虽然罗尔斯自称政治建构主义, 但我认为他的方法论更接近于迈克尔·沃尔泽 (Michael Walzer) 所说的 "解释的进路" 而非 "发明的进路", 原初状态和无知之幕只是作为一种 "启发性的机制" 帮助人们通过反思进一步地澄清业已接受的观念。就此而言, 罗尔斯与哈耶克一样都把法治和正义原则视为人类行为互动的结果, 而非人类理性设计的结果。
[49] 同 [47]85.

[50]	同 [47]85.
[51]	同 [14]319-320.
[52]	同 [10].
[53]	哈耶克. 自由秩序原理：下册. 邓正来，译. 北京：生活·读书·新知三联书店，1997：9.
[54]	同 [2]151.
[55]	博格. 罗尔斯：生平与正义理论. 顾肃，刘雪梅，译. 北京：中国人民大学出版社，2010：32.
[56]	同 [27]xiv-xv.
[57]	同 [47]232.
[58]	同 [47]232.
[59]	同 [27]xv. 萨缪尔·弗里曼（Samuel Freeman）曾经详细比较财产所有的民主制与福利国家的资本主义存在的 11 处不同观点（Freeman S. Rawls. London: Routledge, 2007: 226-231.），限于篇幅，在此不赘述。
[60]	同 [44]3-5.
[61]	同 [44]6.
[62]	同 [44]7.
[63]	参见 [44]8-9.
[64]	参见 [44]10.
[65]	同 [14]348.
[66]	同 [44]36.
[67]	哈耶克. 通往奴役之路. 王明毅，冯兴元，等译. 北京：中国社会科学出版社，1997：20.
[68]	同 [14]357.
[69]	同 [14]357.
[70]	同 [27]177.
[71]	同 [27]198.
[72]	KUKATHAS C. Hayek and Liberalism//FESER E ed. The Cambridge Companion to Hayek. Cambridge: Cambridge University Press, 2006: 200.
[73]	同 [4]12.
[74]	同 [47]8.
[75]	同 [8]40.
[76]	同 [10].

4. 财产所有的民主制：理论与现实

最近十年以来，在萨德·威廉姆森（Thad Williamson）、马丁·奥尼尔（Martin O'Neill），以及萨缪尔·弗里曼等人的努力下，越来越多的学者将注意力放在了罗尔斯对"财产所有的民主制"的理论构想上。由于罗尔斯在注释中多次提到英国经济学家詹姆斯·米德（James Meade）1964年出版的《效率、平等与产权》（*Efficiency Equality and the Ownership of Property*）对于财产所有的民主制的启发，这容易让人误以为米德是该术语的首创者，又因为罗尔斯引入财产所有的民主制的主要目的是与"福利国家的资本主义"相区隔，这会让人进一步误以为财产所有的民主制不仅有别于福利国家，而且是反资本主义的。但是如果我们仔细考察财产所有的民主制的发展史，就会发现它既非学者闭门造车的理论产物，更非左翼自由主义专享的政治立场和政策主张。恰恰相反，这个术语的发明权属于苏格兰的保守党议员诺伊尔·斯克尔顿（Noel Skelton），当他在1923年首次创造这个术语时，主要动机之一是回应来自社会主义公有制以及工党的挑战，其根本宗旨不是反对资本主义，而是维护资本主义。在20世纪英国政治发展史中，历任保守党党魁以及保守党出身的首相，从斯坦利·鲍德温（Stanley Baldwin）、罗伯特·安东尼·艾登（Robert Anthony Eden）、哈罗德·麦克米兰（Harold Macmillan）、亚历克·道格拉斯－霍姆（Alec Douglas-Home）、玛格丽特·撒切尔（Margaret Thatcher）直到大卫·卡梅伦（David Cameron），都曾经依据当时当地的政治形势激活过财产所有的民主制，把它作为重要的执政理念和施政纲领，以致有评论者认为财产所有的民主制是20世纪英国保守党最根本的意识形态宗旨之一。

这个现象提醒我们，财产所有的民主制的概念内涵、理论脉络以及现实政治的发展要远比想象的更为丰富和复杂，有必要追问如下一些问题：保守党传统的财产所有的民主制与米德－罗尔斯一脉的左翼进路究竟有何异同？他们只是碰巧使用了同一个术语，但在概念内涵、价值承诺以及具体政策上均存在根本性的分歧，还是说尽管存在诸多重大的分歧，但二者仍旧分享了最根本的问题意识？

为了澄清上述疑惑，本章将依次探讨如下四个主题：第一，阐释斯克尔顿创造"财产所有的民主制"的时代背景、问题意识以及具体构想，指出斯克尔顿虽然身为保守党议员，但在思想取向上却和米德－罗尔斯的左翼进路有着很强的亲和性。第二，以安东尼·艾登和玛格丽特·撒切尔为例，指出斯尔克顿之后的保守党人把"财产所有的民主制"转变成"住房所有的民主制"，这个策略不仅出于现实的选战考虑，也反映出保守党内右翼立场反对国有化和公有制的基本原则。第三，我认为罗尔斯本人接受"财产所有的民主制"时存在一个逐步清晰化的过程，归根结底他是想通过调整财产权和经济自由来影响政治自由的实践，避免福利国家的资本主义对于公民德行以及民主政治造成的负面后果。第四，通过比较财产所有的民主制的左右两翼，我认为无论在价值理想还是实现路径上，罗尔斯与斯克尔顿都比较接近，相比之下，罗尔斯与艾登－撒切尔则存在着深刻的分歧。

一、斯克尔顿论"财产所有的民主制"

1923年4月到5月，来自苏格兰的保守党议员诺伊尔·斯克尔顿在《旁观者》（Spectator）杂志上连续发表四篇短文，论述保守党的改革方略和施政纲领，次年以《建设性的保守主义》（Constructive Conservatism）为名结集出版，这本小册子由于首创了"财产所有的民主制"而在20世纪的英国政治史上占有举足轻重的历史地位。

保守党之所以要强调"建设性"，非务相反也，时势异也。1917年11月4日，正在进行中的第一次世界大战意外催生出史上第一个社会主义国家苏联，社会主义公有制对于资本主义私有制的挑战从理论变成现实,并且在欧洲大陆呈现出从东往西的蔓延趋势。与此同时,英国政治也正在发生结构性的变化。1918年,英国"第四次改革法案"通过,几乎取消了选民的财产资格限制。随着普选制和政治自由的实现,与保守党缠斗百年之久的主要政敌自由党开始式微,取而代之的是方兴未艾的工党。

斯克尔顿认为英国正在步入一个"新时代",其主要特征是:(1) 它在选举的意义上是一个"彻底的民主国家"(a complete democracy);(2) 就公民受教育的程度而言,特别是在公民的心智和品格培养的意义上,它是一个"有教养的民主国家"(an educated democracy)。[1] 这个"新时代"面临一个迫在眉睫的关键问题:"普罗大众——他们中的多数人依靠工厂的工资生活——的政治地位和教育地位远远胜过其经济地位。"[2] 斯克尔顿相信,整个国民生活因此处于结构性失衡的危险之中,而解决的良方正是"财产所有的民主制"——"除非我们的有教养的和政治的民主显著地变成财产所有的民主制,否则国家的均衡和个体生活的平衡都无法得到修复"。[3]

"财产所有的民主制"是斯克尔顿首创的概念,顾名思义,这个术语的重点有二:一是"财产所有",二是"民主"。前者针对的是社会主义的公有制挑战,后者针对的是普选制带来的民主挑战。

斯克尔顿明确反对社会主义公有制,理由是"每个人所有,就等于没有人所有"。[4] 但与此同时,他清楚地认识到社会主义对于财产匮乏的普通民众所具有的诱惑力。就此而言,财产所有的民主制本质上是执两用中的策略，在不接受公有制的同时，通过大范围地拓展财产所有者的人数让保守主义者得以正面回应社会主义的挑战。正如马修·弗朗西斯（Matthew Francis）所指出的，它的优势在于“既不会导致革命也不会对工人阶级的要求无动于衷”。[5]

秉承保守党一直以来的根本信念，斯克尔顿深信私有财产对于个体性的充分发展具有根本性的影响，唯有产者才有能力保持人格的独立性、主动性和责任感。斯克尔顿的革新之处在于，他没有从这个前提出发为选举权的财产资格限制做辩护，而是顺应时势地提出，在“彻底的民主”成为现实的“新时代”，就应该大范围地扩展财产所有者的人数，借此把工薪阶级的经济地位提升到与其政治、教育地位比肩的程度，保证他们拥有实践政治自由的品格与能力，从而解决国民生活失衡的时代问题。在1926年发表的《捍卫英国民主》（The Safeguarding of British Democracy）一文中，斯克尔顿设问道：“民主的本质德性、内核以及内在价值究竟是什么？”对此他的回答是，积极参与“公共事务的慎议和决策”会创造负责任的公民，而“慎议和决策”是“只有民主才可能允许公民予以实践的功能——这个功能运转良好，民主就会运转良好”。[6]一言以蔽之，在“新时代”的环境中，“文明的成功和稳定建立在尽最大可能地拓展公民的私有财产的基础之上”。[7]

显然，对斯克尔顿来说，问题的关键在于通过何种方式实现“大范围地扩展财产所有者的人数”。借助本·杰克逊（Ben

Jackson）的观点，我们可以把斯克尔顿的具体策略总结如下：第一，对于工薪阶级实行分红制，并最终实现现代工业生产中的合伙人制（co-partnery）。所谓合伙人制，其目的在于以公司股份的形式回馈工人，缩小劳资之间的鸿沟，"随着工人变成资本家，要么出于对民主内部管理的关注，要么出于一般性的指引，会很自然地产生'同舟共济'感"。第二，对于那些想要寻求完全自主性的小型农场主来说，要保证他们成为小农场的所有者，借此更广泛地分散土地所有权。第三，在大规模的农业生产中引进合作社原则。第四，引入"全民公决"作为宪政手段，借助公共意见来否决任何可能威胁新的民主宪政安排或者私有产权的议会决策。[8]

通过上述分析可知，有别于传统保守主义以及古典自由主义所主张的形式意义上的私有财产权，斯克尔顿的财产所有的民主制旨在通过各种具体的经济手段尽可能广泛地分散私有财产的实质持有，说得更明确一些，这意味着财产所有的民主制强调的不是抽象的财产权，而就是实质的财产所有或持有。

以约翰·洛克的观点为例，他主张所有公民都毫无例外地拥有财产权，但是这只是形式意义上的财产权，并不保证每个公民都确然地拥有实质的私有财产。此处涉及对"自然权利"的两种解释：一种解释是指与生俱来的权利，比如生命权和自由权，这意味着他/她无须特别地做任何事就可以拥有的权利。另一种解释指的是"这一权利是通过人之本性的行为获得的"，比如财产权就属于这一类的自然权利，它不是与生俱来的，而是特定的人基于人的本性（譬如理性）"碰巧"做了特定的事——比如伸手摘了苹果或者在某块土地上劳作——才拥有的所有权。正是基于这个原因，杰里米·沃尔德伦（Jeremy Waldron）把洛克的私有产权证明称为基于"特殊权利"（special right）的证明，与此相对应，他把黑格尔（Hegel）的私有产权证明称作基于"一般权利"（general right）的证明，这是因为黑格尔认为财产权与特定个人的特殊行动无关，因为财产是"人的伦理发展的必要条件"，所以"私有财产不仅是道德上合法的，而且用黑格尔的话说，'每个人都必须拥有财产'"。[9] 我们不妨这么总结，洛克意义上的财产权是特殊的并且形式的（special and formal），黑格尔意义上的财产权则是一般的并且实质的（general and substantial）。

在这个意义上，把斯克尔顿的财产所有的民主制翻译成"财产所有的民主制"而非"财产所有权的民主制"显然更加符合原意，因为无论是基本宗旨还是具体策略，斯克尔顿的观点都更接近黑格尔的基于"一般权利"的私有产权观，也就是强调每个人实质上的财产所有。沃尔德伦指出："黑格尔进路的有趣之处在于它所隐含的分配观念。……我们不能一方面论证拥有财产是伦理发展的必要条件，另一方面又对无产者的道德和物质困境毫不关心。正如支持言论自由的权利论证（a right-based argument for free speech）建立了确保让每个人都能自由言论的责任，支持私有财产的基于普遍权利的论证（a general-right-based argument for private property）也建立了确保让每个人成为财产所有者的责任。这事实上是一种反对不平等的论证，并且支持所谓的'财产所有的民主制'。"[10]

综上所述,我们认为,斯克尔顿的财产所有的民主制已经突破传统保守主义的思想边界,而与平等自由主义的传统有着很强的亲和性:就强调私有财产与公民个体之品格养成的紧密关联进而主张实质性地拓展财产所有者的数量而言,他上承黑格尔的基于"一般权利"的私有财产观;就强调经济自由对于政治自由以及提升民主质量的重要性而言,特别是就强调合伙人制以及工人对于工厂管理的民主参与而言,他近似于罗尔斯的正义理论和慎议民主思想。也正因如此,斯克尔顿被认为是保守党内的左翼代表。

二、从"财产所有的民主制"到"住房所有的民主制"

1933年斯克尔顿因病早逝,未能在英国政坛一展宏图,其人其名也在此后的岁月里逐渐被世人淡忘,但是他的精神遗产"财产所有的民主制"却在英国保守党乃至整个20世纪的英国政治中留下了深刻的烙印。1945年,工党击败保守党赢得英国大选,时任保守党领袖的安东尼·艾登在1946年保守党全国大会上复活斯克尔顿的理念,呼吁建立"全国范围内的财产所有的民主制"。不同于斯克尔顿对合伙人制和工厂民主管理的重视,艾登重点强调的是"住房所有"。不难看出,在理论照进现实的过程中,斯克尔顿版本的"财产所有的民主制"已经悄然变形为"住房所有的民主制"。这首先是出于选战策略的考虑,第二次世界大战期间的大轰炸让英国至少缺少200万套房屋，1945年大选之前的民意调查显示"住房问题被提到的次数如此频繁，相比之下其他事情都显得不重要了"。[11]

除了选战策略的考虑，更重要的是，强调住房所有是最安全和最符合保守党精神的拓展私有财产的方式，因其绕开了生产资料所有权这一根本问题，在政策执行上也便于操作——其他形式的拓展私有权都被认为过于"技术化"以至于不可行。值得一提的是，自1951年保守党赢得大选之后，英国就进入了"共识政治"时代，在此期间，财产所有的民主制更像是保守党用来区隔工党理念、维系自我认同的一个标签，其理论意义大于现实意义，形式意义大于实质意义。

直到撒切尔执政期间，财产所有的民主制才真正得到了实质性的落实。1975年撒切尔初任党魁就在首次演讲中提出保守党正沿着"安东尼·艾登的足迹前行，他为我们设立了财产所有的民主制这个目标"。1987年赢得第三次大选之后，撒切尔再次明确地告诉《时代》（*Time*）杂志，她的第三任期目标包括"建立财产所有的民主制"。但事实上正如弗朗西斯所指出的，早在撒切尔的前两个任期，财产所有的民主制已然得到强有力的落实："大量的机制调整——出售地方政府出资建立的公房，出售国有企业的股份，让雇员分享所有权的计划——已经被用来极大地拓展了财产的私人所有权。"[12] 毋庸置疑，在上述各种政策中，最引人注目的仍旧是住房私有政策，它再一次成为保守党赢得大选的杀手锏。1979年，85%的英国选民表示赞成公房销售，撒切尔在第一次大选获胜后指出："成千上万的公房住户……第一次倾巢而出支持我们，因为他们希望有机会购买自己的房屋。"[13]

1986年撒切尔在保守党大会上声称，如果说19世纪保守党最伟大的成就是让越来越多的人拥有投票权，那么"这个世纪保守党的伟大改革就是使越来越多的人拥有财产。人民资本主义（popular capitalism）无异于国民经济生活中解放（enfranchise）众人的十字军东征"。[14]

现在的问题是，应该如何评价撒切尔的这一自我评价，撒切尔版本的财产所有的民主制与斯克尔顿版本的究竟有何异同之处？弗朗西斯高度评价撒切尔的财产所有的民主制政策，认为它实现了"民主"的双重功能："一方面，撒切尔政府继续支持斯克尔顿的财产所有的民主制概念，试图通过出售地方政府的房屋和在私有化企业中分享股票使财产所有'民主化'；另一方面，它开始'与财产权产生联系，其方式让人回想起19世纪的财产权与普选权的关系，哪怕细节上并不一致'。也就是说，财产所有是实践民主权利和个人选择的前提条件——尽管这些权利在这里采取的是'经济选择'的形式。"[15]上述评价让人感到困惑，如果撒切尔真的实现了"民主"的双重功能，那么撒切尔就不仅继承了斯克尔顿的理想，甚至与罗尔斯版本的财产所有的民主制旨趣也相差不远。费利克斯·邦盖伊（Felix Bungay）在一篇探索性的短文中大胆主张，罗尔斯版本的财产所有的民主制与撒切尔的自由市场政策是兼容的，而且，"当我们思考哪种方式在实践上最好地实现了财产所有的民主制的目标时，玛格丽特·撒切尔的政策提供了比'税收和再分配'这些与罗尔斯的财产所有的民主制传统相关的政策更优的自由市场替代方案"。邦盖伊认为,撒切尔不仅实现了住房的私有化,并且"通过私有化国有企业,撒切尔政府让数以百万计的人第一次成为股份所有者。资本所有不再属于投资银行家和富人,而是数以百万计的普通英国人所拥有的东西"。通过以上方式,邦盖伊认为,撒切尔政府实现了罗尔斯版本所蕴含的生产资料所有权的广泛分布。[16]

我认为,弗朗西斯和邦盖伊的观点值得商榷。理由在于,从思想资源的角度出发,撒切尔接受的是哈耶克和米尔顿·弗里德曼(Milton Friedman)所代表的古典自由主义,她之所以高举财产所有的民主制的旗帜,除了现实的选战需要,更是为了坚持货币主义、自由市场以及自由放任的资本主义,反对凯恩斯主义、福利国家政策、持续坐大的工会权力以及法团主义。换句话说,在理论出发点上撒切尔的财产所有的民主制就是反对平等主义的。从现实的政治效果看也证明了上述观点,撒切尔的财产所有的民主制虽然拓展了财产所有者的人数,但却加剧了贫富差距以及社会的不平等。比如本·杰克逊就指出,撒切尔的一系列政策"显然都是反平等主义的,事实上在这一重建项目过程中,英国的收入和财富的不平等都加剧了"。[17]试以撒切尔财产所有的民主制中最重要的住房私有政策为例,数据显示,从1978年到1988年的十年里,英国住房拥有率从54.7%上升到65.4%,而公房出租率从31.7%下降到24.9%[18],表面上看让很多熟练劳动者与下层白领、工人拥有了个人住宅,但是正如有的学者所指出的："私有住宅的范围扩大促使中产阶级的分化，导致新的社会矛盾。住宅的民营化并没有使所有的人都成为中产阶级，反而有不少人由于借贷购房而成为'债务者'。为此，英国保守党被人指责说：保守党培育中产阶层的政策非但没有把英国变成'财产所有者的国家（Property-owners' Nation）'，或'住宅私有者的国家'（A Nation of Home Owners），反而变成了'债务者的国家'（A Nation of Debtors）。"[19] 因此我们认为，以艾登-撒切尔为代表的财产所有的民主制右翼版本，与斯克尔顿尤其是米德、罗尔斯存在着根本性的区别。

三、罗尔斯论"财产所有的民主制"

1971年罗尔斯《正义论》问世不久，福利国家的资本主义就因为滞胀而逐渐陷入全面的危机。在很长一段时间里，多数学者把《正义论》列为福利国家的资本主义的辩护之作，没有认识到罗尔斯既非福利国家的支持者，也非资本主义的支持者，而是"财产所有的民主制"的支持者。

应该说，这个误解部分地要归咎于罗尔斯本人，虽然《正义论》初版根本没有提及"福利国家"和"资本主义"这两个概念[20]，但与此同时，全书正文587页中也只有两处简单地提到了财产所有的民主制，这让读者很难意识到财产所有的民主制是实现正义二原则的理想政经体制。对此一个合理的解释是，在修订版发表之前，罗尔斯虽然认识到"分配正义的主要问题是社会制度的选择问题"[21]，但对于正义二原则和财产所有的民主制的关系并没有做过深入认真的思考。

在1980年代的英美学术界，只有极个别的学者注意到了财产所有的民主制对于《正义论》的重要性。1983年，阿瑟·迪夸特罗（Arthur DiQuattro）在一篇论文中指出："在《正义论》中罗尔斯从未使用过一次'资本主义'。罗尔斯从詹姆斯·米德那里借用了'财产所有的民主制'这个术语，其主旨在于对财产所有的民主制和资本主义的福利制度做出严格区分。"[22]不久，理查德·克劳斯（Richard Krouse）和迈克尔·麦克佛森（Michael McPherson）进一步指出，"罗尔斯对于使用福利国家的税收制度并且通过转让来弥补收入的不平等的热情要远小于许多评论的假设。这部分是因为他想要通过使财产持有变得更平等来减少收入转让的需求。但是罗尔斯对福利国家衡量手段的拒绝，其原因远不只是为获得更平等的背景条件进行辩护——在我们看来，他走得要更远。"[23]

罗尔斯显然是受到了上述学者的启发，才会在《正义论》1990年的修订版序言中特别提到，如果要重新撰写该书，就必须对"福利国家"的观念和财产所有的民主制做出明确的区别。[24] 2001年，罗尔斯生前最后一本著作《作为公平的正义》（*Justice as Fairness*）出版，罗尔斯对这一问题做出了盖棺论定的表述。他列举了五种理想型的政治经济制度，认为只有"财产所有的民主制"或者"自由（民主）社会主义"能够满足正义二原则的要求，其余三种制度——"带有指令性的国家社会主义""福利国家的资本主义"以及"自由放任的资本主义"——则以不同的方式违背了正义二原则。[25]

"自由（民主）社会主义"与"财产所有的民主制"的区别在于，前者明确主张生产资料和自然资源的所有权归国家或者社会所有，后者则允许存在生产资料的私人所有权，尽管它不受正义第一原则的保护。罗尔斯认为在现实中究竟应该适用哪种制度没有一定之规，要"依赖于每个国家的传统、制度、社会力量和特殊的历史环境"才能加以确定。[26] 从表面上看，"财产所有的民主制"与"福利国家的资本主义"的一致性要高于"财产所有的民主制"与"自由（民主）社会主义"的一致性，因为前二者都允许存在生产资料的私人所有权。但在罗尔斯眼中，"财产所有的民主制"与"福利国家的资本主义"有着本质性的区别，后者准许少数阶级几近垄断生产资料，而前者"力图分散财富和资本的所有权，由此来防止社会的一小部分人控制整个经济，从而间接地控制政治生活"。[27] 为达此目的，财产所有的民主制主张"在每个时代的开始就确保生产资本以及人力资本（教育能力和受训练的技术）的广泛拥有，这一切都是在公平的机会平等的背景下进行的"。[28] 与此相对，福利国家的资本主义却是在每一时段的最后阶段才进行社会再分配。

不同的制度安排会培育和发展出不同的公共政治文化心理以及公民德性。罗尔斯寄望于通过财产所有的民主制去调整经济自由的内容，保证所有公民都能够在适当的社会平等和经济平等的基础上"自己管理自己的事务"，最终造就有尊严和负责任的公民。福利国家的资本主义虽然为最不利者提供最低生活标准以及各种社会保障，但是它的最大问题在于无法为最不利者提供实现"基本善"中最重要的"自尊的社会基础"，反而可能进一步挫伤其自尊感，甚至造就"沮丧而消沉的下等阶级"，逐渐丧失自治的能力和期望，感到自己是被社会抛弃的一部分，从而放弃参与公共政治文化。[29] 这显然与财产所有的民主制的目标正好背道而驰。

相比于斯克尔顿的财产所有的民主制版本，罗尔斯的平等主义色彩更加浓郁，对财产与民主之间的关系认识得也更加深刻。

值得一提的是，罗尔斯反复提及詹姆斯·米德对财产所有的民主制的贡献，但对于英国保守党的财产所有的民主制传统未置一词；同样，米德在其著作中——无论是《效率、平等与产权》（*Efficiency, Equality and the Ownership of Property*）还是《自由、平等和效率》（*Liberty, Equality and Efficiency*）——也都没有论及保守党起源。这一点让人颇感疑惑，尤其是米德，他曾经历任牛津大学、伦敦政治经济学院以及剑桥大学的经济学教职，并一度在战时英国内阁秘书处经济部任职，于情于理都应该对财产所有的民主制的保守党传统谙熟于胸。我们认为，米德与罗尔斯之所以不提财产所有的民主制的保守党传统，主要是为了避免与右翼传统拉开距离，但他们之所以仍旧坚持把财产所有的民主制作为理想的政治经济制度形式，则与这个概念原初蕴含的平等主义取向有着直接的关系。

四、"财产所有的民主制"的左右之争

鉴于此前已经探讨过斯克尔顿与艾登－撒切尔版本的财产所有的民主制的异同,以及斯克尔顿与米德－罗尔斯版本的财产所有的民主制的异同,接下来我将重点放在比较撒切尔与罗尔斯版本的财产所有的民主制的异同上。众所周知撒切尔的主要思想资源是哈耶克的古典自由主义,因此这个比较也部分地反映出自由右翼与自由左翼之间的差异。

首先,无论是撒切尔还是罗尔斯的财产所有的民主制都是以福利国家的资本主义为主要论敌的。但是它们反对福利国家的资本主义的立场却不尽相同,在政治光谱上,罗尔斯将财产所有的民主制放在福利国家的资本主义的左边,而撒切尔无疑是把财产所有的民主制放在福利国家的资本主义右边的。

与上述区分相关的另一个分歧是,罗尔斯不仅反对福利国家,同时还反对资本主义——我对于资本主义的定义参考了萨缪尔·弗里曼的观点,在弗里曼看来:"资本主义最根本的特征就在于,为了实现收入与财富的配给与分配的经济高效条件,强制执行自由竞争市场制度中的私人经济权利和自由体系。"[30] 弗里曼指出:"这样定义的资本主义,正如古典经济学的自由主义,与效益主义有着紧密的联系,而且与效益主义的论证更合拍,尤其是在盎格鲁－美利坚传统中。"[31] 撒切尔版本的财产所有的民主制就隶属于这个与效益主义论证相容的资本主义传统,出于种种原因,它重视私有财产的广泛分布,但归根结底并不关注社会

正义的实现。[32] 与此相对，罗尔斯的财产所有的民主制不仅反对福利国家，同时也反对以效益最大化为基本原则的资本主义，罗尔斯的正义理论是建立在差别原则（或者互惠原则）基础之上的。

在实现财产所有的民主制的手段和策略上，财产所有的民主制左右两翼体现出最深刻的分歧。需要强调指出的是，在员工集体持有股份、利润分红、住房私有化乃至于征收遗产税和赠与税等策略上，应该说财产所有的民主制的左右两翼，哪怕是以主张自由放任的资本主义和小政府著称的撒切尔，也与米德－罗尔斯在原则上存在共识，如果说存在分歧，也只是具体数字和政策上的分歧，在很大程度上属于技术性的问题（虽然仍旧可以折射出对待社会正义等规范性论题的认识差异）。由于这些问题涉及社会理论和经济理论的探究，本书将不予讨论。

就本书所关注的论题而言，在实现财产所有的民主制的手段和策略上，左右两翼的根本分歧体现在如下三点：

首先，对待自由市场的态度根本不同。尽管承认员工集体持有股份、利润分红、住房私有化，乃至于征收遗产税和赠与税等手段，但在根本上，右翼版本始终是以自由市场的策略作为实现财产所有的民主制的基本手段。与此相对，罗尔斯版本的财产所有的民主制虽不彻底反对自由市场，但只是把自由市场及其价格机制视为配给资源的有效方式，并不把它们作为分配收入和财富的手段和标准。[33]

其次，主张不同的私有产权和经济自由观。罗尔斯的财产所有的民主制的根本宗旨在于通过分散财富和资本的所有权，"来防止社会的一小部分人控制整个经济，从而间接地控制政治生活"。[34] 为了实现这一目标，罗尔斯的财产所有的民主制主张"在每个时代的开始就确保生产资本以及人力资本（教育能力和受训练的技术）的广泛拥有，这一切都是在公平的机会平等的背景下进行的"。[35] 相比之下，财产所有的民主制的右翼版本虽然试图拓展财产所有者的数量，但仍旧允许少数人垄断生产资料，并且他们的社会再分配（不管是否心甘情愿）也与福利国家的资本主义一样，是在每一时段的最后阶段才进行的。这个区别反映在私有产权和经济自由观上，便凸显出财产所有的民主制左右两翼的一个本质差异。罗尔斯只把两类经济自由划归受"正义第一原则"保护的基本自由权：第一种是职业选择的自由权，包括免于奴役和强制劳动的自由，以及选择和改变工作或职业的自由；第二种是"持有和排他性地使用私人财产的权利"。[36] 罗尔斯的理由是这两种权利"能够赋予人格独立和自尊感以足够的物质基础，而人格独立和自尊感对于道德能力的全面发展和使用是极其重要的。拥有这种权利并能够有效地行使这种权利是自尊的社会基础之一"。[37] 与此同时，罗尔斯把两种广义上的财产权剥离出受正义第一原则保护的基本自由权行列，它们分别是"一般而言在自然资源和生产资料方面的财产权，其中包括获取和馈赠的权利"，以及"包括参与控制生产资料和自然资源的平等权利在内的财产权，而这些生产资料和自然资源应该为社会而非私人拥有"。[38] 把"自然资源和生产资料方面的财产权"剥离出基本自由权就意味着即使私人可以拥有它们，比如财产所有的民主制虽然允许存在"生产资料的私有财产权"，但由于它们不属于基本自由权，就不是"根本的"和"不可让渡的"。而这在财产所有的民主制的右翼版本中是无法接受的。

约翰·托马西据此指出，古典自由主义持有的是"厚版本的经济自由观"，而高级自由主义持有的是"薄版本的经济自由观"。所谓"厚版本的经济自由观"，顾名思义是因为包含了名目众多且类型广泛的经济自由，比如生产资料的所有权、私人财产的所有权、立约自由、择业自由等，古典自由主义把它们视为与言论自由、结社自由这些传统意义的权利和自由同等重要之物。与此相对，以罗尔斯为代表的高级自由主义被称为持有"薄版本的经济自由观"。[39] 我认为，厚版本的经济自由观与薄版本的经济自由观是财产所有的民主制右翼与左翼的根本分歧所在，同时也是古典自由主义与高级自由主义的根本分歧所在。从证成基础（justificatory foundation）的角度看，财产所有的民主制右翼与左翼的分歧又进一步体现在，前者多从自我所有权、自然法传统或者效益主义的立场出发证成厚版本的经济自由观，而后者从人之为人的伦理发展的必要条件出发（比如罗尔斯的自由和平等的人的两种道德能力）证成薄版本的经济自由观。如何评价厚、薄两种经济自由观及其证成基础是一项艰巨繁难的任务，限于篇幅，我只想提出一点思考的方向。

晚近以来，所谓的"新古典自由主义"（neoclassical liberalism）[40]开始兴起。以托马西为例，其核心论点是，一方面坚持古典自由

4. 财产所有的民主制：理论与现实　　103

主义"厚版本的经济自由观"以及"自生自发的秩序",另一方面接受高级自由主义对社会正义的诉求以及"政治证成的慎议进路",由此拼贴成一种据称可以超越自由主义内部纷争的新主张。反映在私有产权和厚版本的经济自由观上,新古典自由主义在证成基础上更接近于自由主义左翼,比方说,托马西模拟罗尔斯"人的两种道德能力"创造出一个新的概念"负责任的自我书写者"(responsible self-authorship),意思是:"所有健康的成年公民,不管他们与生俱来的特定优势和劣势是什么,都拥有发展人生计划以及按此计划行动的能力(无论这个计划是个人制订、集体制订还是以其他方式分享的)。人们是生活的行动者,而且他们的能动性是至关重要的。"[41] 与此相应的是"尊重其公民同胞是负责任的自我书写者的道德能力"(the moral capacity to honor one's fellow citizens as responsible self-authors too)。托马西以这对概念作为他所支持的"市场民主主义"(这个概念在托马西那里可与新古典自由主义互换使用)的证成基础,一如罗尔斯以他的"人的两种道德能力"[善观念(conceptions of good)的能力与正义感(sense of justice)的能力]作为高级自由主义的证成基础。

归根结底,新古典自由主义若想取得成功,就必须直面如下这个问题:实践"厚版本的经济自由"是充分实践和完全发展"负责任的自我书写者"的必要条件吗?必须指出的是,对于这个问题托马西的表述显得非常犹豫和摇摆,比如他说:"随着社会的富裕,实践厚版本的私有经济自由对多数公民来说是负责任的自我书写者的本质条件。"[42]"对许多人来说,独立的经济活动是好生活的本质性的和持续存在的部分。"[43]这两句话中各有两个限定语,一个是"对多数公民来说",一个是"对许多人来说",这意味着托马西并不主张实践厚版本的私有经济自由"对每一个公民来说"是负责任的自我书写者的必要条件。换言之,"厚版本的经济自由"不符合罗尔斯"基本善"的定义,而这恰恰可以支持罗尔斯把生产资料的所有权以及立约自由排除出正义第一原则的做法。反过来说,如果把托马西有所保留的表述绝对化——实践厚版本的私有经济自由"对每一个公民来说"是负责任的自我书写者的本质条件,或者,"对所有人来说"独立的经济活动都是好生活的本质性的和持续存在的部分,那就要求托马西接受比黑格尔的主张——"每个人都必须拥有财产"——更强的平等主义立场:每个人都必须拥有进入"独立的经济活动"的财产。这同样要求对生产资料所有权进行广泛的分配。通过以上简单的分析可知,新古典自由主义借用自由主义左翼的证成基础来证明厚版本的经济自由观是失败的。

最后,财产所有的民主制右翼和左翼的一个本质区别还体现在对于工厂民主议题的态度上。财产所有的民主制左右两派的争点集中在于,为了培育工人的民主管理能力以及更多地参与工厂决策,是否应该牺牲一定的经济效率?为了分析这个问题,有必要引入约翰·托马西所做的一个区分,他认为存在着两种不同的观点。第一种是"更多财富论题"(the greater wealth thesis),主张一个运转良好的资本主义市场要比罗尔斯所支持的偏社会主义的制度能创造出更大的财富,而财富的增加会以某种方式惠及穷人,所以,"长时段看,资本主义经济可以创造更多的财富从而更好地满足差别原则"。[44]第二种观点是"更多工厂权力论题"(the greater workplace power thesis),其代表人物是密尔、罗尔斯以及弗里曼,他们主张放弃对资本主义财富积累的过分热情,哪怕承受更缓慢的经济增长的代价,也要为工人提供更好的工厂经验,增加公民做出经济决策的权力并提高他们在工厂中的权力。[45]比如罗尔斯就曾经指出:"人们需要的是与他人自由结社中的有意义的工作……为实现这一状态,巨大的财富并不是必需的。事实上,超过了某一限度,巨大的财富更可能成为一种实实在在的障碍,如果它不是使人放纵以及堕入空虚的诱惑的话,最好的情形也就是一种无意义的干扰。"[46]

显然,财产所有的民主制的右翼版本倾向于"更多财富论题",而财产所有的民主制的左翼版本倾向于"更多工厂权力论题"。前文提到的邦盖伊本质上就属于"更多财富论题"的支持者。托马西认为按照"更多财富论题"的主张,"社会财富的增长本身就提高了工人的权力。在富裕社会,甚至是普通的公民也可以购买股票和债券;在个人化的经济时代,工人的确开始拥有生产工具。更重要的是,在富裕社会工人拥有比在贫穷社会中更多的议价权力。面对一系列可供选择的有吸引力的工作时,工人能够要求得到更高的工资,或者为了寻找他们认为更有吸引力或更具成就感的工厂经验而另谋高就。"[47]如果上述理由成立,那就意味着财产所有的民主制的右翼版本完全可以借助于"更多财富论题"来消解左翼版本的观点。但是正如撒切尔时期的财产所有的民主制政策并没有缩小贫富差距反而增加了社会的不平等,"更多财富论题"也需要经过经济学以及社会学的实证研究的检验才有可能判定是非。[48]

从规范性的角度说,从工厂民主这个论题引出的是一个更加重要的问题。借用罗尔斯常用的句式,我们可以追问:参与工厂决策和民主管理能够赋予工人以"人格独立和自尊感"吗？它们是充分实践和完全发展自由平等的道德人所拥有的"两种道德能力"的必要条件吗？我们认为面对上述问题,罗尔斯的回答应该是否定的。注意,当我们探讨工厂民主的意义时,我们是在追问财产所有的民主制是否可以满足差别原则的要求;而差别原则所要分配的基本善,不仅包括收入和财富,还包括"权力和负有责任的位置,以及自尊的社会基础"[49]。所谓工厂民主关涉的正是后两种基本善。但在这里恰恰出现了一个罗尔斯没有想到的问题,即使"权力和负有责任的位置,以及自尊的社会基础"属于基本善的范畴,但是具体到参与工厂决策和民主管理,它们会是"每一个理性人都假定想要得到的事物"吗？从经验的角度看当然不是。一定存在着一些人,他们既无兴趣也无能力参与工厂的管理和决策,在这个意义上,即使工厂民主与财产所有的民主制是相容的,也不能因此推论得出财产所有的民主制的制度设计中必然应该包含工厂民主。

五、小结

财产所有的民主制从创立之初就与普选制有着密不可分的关系，但是它的目的不仅是为了应对选举政治的挑战，更重要的是通过尽可能广泛地分散私有财产，最终令公民个体拥有实践政治自由的责任感和独立性。就此而言，无论左翼版本还是右翼版本，在最抽象的价值承诺上都承认财产与个体品格和德性养成以及财产与民主之间存在着紧密关系。综观财产所有的民主制在20世纪的理论演进和现实政治发展，可知这是一个有着较大解释空间的政治主张，它既可以为主张自由放任的资本主义的撒切尔政府所采纳，也可以为更具平等主义取向的米德－罗尔斯所主张。我认为，财产所有的民主制的右翼版本——尤其是艾登－撒切尔进路背离了这个概念所蕴含的平等主义诉求，沦为现实选战的策略工具。相比之下，财产所有的民主制在理论史上的三个重要时刻——斯克尔顿、米德和罗尔斯——是彼此相关的，正如阿米特·罗恩（Amit Ron）所指出的，它们"是从同一个起源发展出来的连续性的变化"[50]。

注释

---

[1] SKELTON N. Constructive Conservatism: Ⅱ The New Era. Spectator, May 5, 1923: 745.

[2] SKELTON N. Constructive Conservatism: Ⅲ—Problem and Principle. Spectator, May 23, 1923: 789.
[3] 同 [1]745.
[4] 同 [1]745.
[5] FRANCIS M. A Crusade to Enfranchise the Many: Thatcherism and the "Property-Owning Democracy". Twentieth Century British History, 2012, 23(2): 278.
[6] SKELTON N. The Safeguarding of British Democracy. English Review, July, 1926: 27-28.
[7] SKELTON N. Constructive Conservatism: I—Architect or Caretaker. Spectator, April 28, 1923: 698.
[8] See JACKSON B. Property-Owning Democracy: A Short History//O'NEILL M, WILLIAMSON T, eds. Property-Owning Democracy: Rawls and Beyond. Oxford: Wiley-Blackwell, 2012: 38-39. See SKELTON N. Constructive Conservatism: Ⅳ—Democracy Stablized. Spectator, May 19, 1923: 837-838.
[9] WALDRON J. The Right to Private Property. Oxford: Clarendon Press, 1988: 4.
[10] 同 [9].
[11] 同 [9].
[12] 同 [5]275-276.
[13] 皮尔逊．拆散福利国家——里根、撒切尔和紧缩政治学．舒绍福，译．长春：吉林出版集团有限责任公司，2007：98.
[14] 同 [5]296.
[15] 同 [5]297.
[16] See BUNGAY F. John Rawls, Margaret Thatcher, and Property Owning Democracy. 2013. http://bleedingheartlibertarians.com/2013/04/john-rawls-margaret-thatcher-and-property-owning-democracy/.
[17] JACKSON B. Property-Owning Democracy: A Short History//O'NEILL M, WILLIAMSON T, eds. Property-Owning Democracy: Rawls and Beyond. Oxford: Wiley-Blackwell, 2012: 47.
[18] 参见 [13]100.
[19] 转引自张世薰．扩大住宅私有与培育中产阶级：以韩国为例．叶克林，校译．学海，2009（5）：108.
[20] 在《正义论》初版中，"福利"这个词更多的是以"社会福利""福利经济学"以及"最少受益者的福利"的组合形式出现，而"资本主义"这个词只在第361页的脚注中因为援引约瑟夫·熊彼特（Joseph Schumpeter）的名著《资本主义、社会主义与民主》（Capitalism, Socialism, and Democracy）才有幸出现。
[21] RAWLS J. A Theory of Justice. Cambridge, MA: Harvard University Press, 1971: 274.
[22] DIQUATTRO A. Rawls and Left Criticism. Political Theory, 1983, 11(1): 56.
[23] KROUSE R, MCPHERSON M. Capitalism, "Property-Owning Democracy", and the Welfare State//GUTMANN A, ed. Democracy and the Welfare State. Princeton, NJ:

[24] Princeton University Press, 1988: 80.
[24] See RAWLS J. A Theory of Justice. Cambridge, MA: Harvard University Press, 1999: xiv.
[25] See RAWLS J. Justice as Fairness. Cambridge, MA: Harvard University Press, 2001: 136-138.
[26] 同 [25]241-242.
[27] 同 [25]139.
[28] 同 [25]137, 139. 罗尔斯认为福利国家的资本主义几乎是在全方位地"违背正义原则",关于这方面的讨论可以参见 [25]137,以及 O'NEILL M. Liberty, Equality and Property-Owning Democracy. Journal of Social Philosophy, 2009, 40(3): 380-381。此外,萨缪尔·弗里曼曾经详细比较财产所有的民主制与福利国家的资本主义存在的11处不同观点(FREEMAN S. Capitalism in the Classical and High Liberal Tradition. Social Philosophy & Policy, July, 2011: 226-231.),限于篇幅,在此不赘述。
[29] 参见 [25]139-140.
[30] FREEMAN S. Capitalism in the Classical and High Liberal Tradition. Social Philosophy & Policy, July, 2011: 21-22.
[31] 同 [30]23.
[32] 关于撒切尔的精神导师哈耶克对于社会正义的立场,以及其与罗尔斯正义理论之间的异同,请参见本书第三章"哈耶克与罗尔斯论社会正义",原载于《哲学研究》2014年第10期。
[33] 罗尔斯认为市场制度完全可以和私有产权制度以及社会主义制度相容,实现这一点的关键在于"区分价格的配置(allocative)功能和分配(distributive)功能"。参见 [24]241.
[34] 同 [25]139.
[35] 同 [25]139.
[36] 参见 [25]114.
[37] 同 [25]114.
[38] 同 [25]114.
[39] See TOMASI J. Free Market Fairness. Princeton, NJ: Princeton University Press, 2012: 22-26, 42-43.
[40] 新古典自由主义的主要代表人物及文本包括:SCHMIDTZ D. Elements of Justice. Cambridge: Cambridge University Press, 2006. GAUS G. The Order of Public Reason. Cambridge: Cambridge University Press, 2011. TOMASI J. Free Market Fairness. Princeton, NJ: Princeton University Press, 2012. BRENNAN J, TOMASI J. Neoclassical Liberalism// ESTLUND D, ed. The Oxford Handbook of Political Philosophy. Oxford: Oxford University Press, 2012.
[41] 同 [39]40.
[42] 同 [39]183.
[43] 同 [39]183.

[44] 同 [39]187.
[45] 参见 [39]187-188.
[46] 同 [24]257-258.
[47] 同 [39]188.
[48] 托马西的上述分析是为了引出他真正支持的"民主化的工厂论题"（democratic workplace thesis），由于这个讨论与本章主旨无关，不拟深入探讨。
[49] 同 [39]186.
[50] RON A. Visions of Democracy in "Property-Owning Democracy": Skelton to Rawls and Beyond. History of Political Thought, 2008, 29(1): 172.

5. 正义第一原则与财产所有的民主制 [1]

罗尔斯说:"分配正义的主要问题是社会制度的选择问题。"[2] 尽管正义二原则的选择对罗尔斯的理论至关重要,但是正义二原则的制度性表达同样引人关注,一个抽象的正义原则必须外化为特定的制度性安排,才能展开其所有的潜能,进而发现它的优点和缺点、可欲性与可行性之间的差距。

晚近以来,越来越多的学者开始将注意力集中在正义二原则所适用的政经制度之上。大体说来,主要观点可分为三类:少数学者如丹尼尔·沙皮若(Daniel Shapiro)认为罗尔斯误解了自己的理论,正义二原则应该支持自由市场的资本主义。[3] 多数学者——如保罗·沃尔夫(Paul Wolff)、布莱恩·巴里(Brian Barry)、阿兰·布坎南(Alan Buchanan)和诺曼·丹尼尔斯（Norman Daniels）等人——认为罗尔斯的理论是"对福利国家的资本主义的平等主义分支所做的哲学辩护"。但是正如理查德·克劳斯和迈克尔·麦克佛森所指出的，这个主流判断存在两个方面的误读：首先，为罗尔斯理想化的私有产权制度贴上"资本主义"的标签，不仅低估了罗尔斯的私有产权观对于平均化产权持有程度的要求，也低估了其理想政体与福利国家的资本主义之间的距离，在他们看来，"罗尔斯的理想政体根本就不能被称作资本主义"；其次，福利国家在罗尔斯理论中的地位不如评论者想象的那么高，罗尔斯对于使用福利国家的税收和转让来减少收入不平等的热情要远低于多数评论者所理解的那样。[4]

罗尔斯本人认同克劳斯和麦克佛森的解读，在2001年出版的《作为公平的正义》中，罗尔斯列举了备选的五种政经体制：自由放任的资本主义，福利国家的资本主义，带有指令性的国家社会主义，财产所有的民主制度，以及自由（民主）社会主义。罗尔斯认为前三种政经制度的理想型描述都"至少以一种方式违反了正义二原则"：自由放任的资本主义仅仅保证形式的自由，否认平等的政治自由的公平价值和公平的机会平等；福利国家的资本主义否认政治自由的公平价值，并且缺少达到机会平等所需的相应政策；带有指令性的国家社会主义违反了平等的基本权利和自由权，更不用提这些自由的公平价值了。只有后两种政经制度，也即财产所有的民主制和自由社会主义，建立起了民主政治的宪政框架，保证了基本自由以及政治自由的公平价值和公平的机会平等，而且基于互惠原则（如果不是差别原则的话）来调节经济不平等和社会不平等。[5]

毋庸讳言，相比现有的当代西方宪政民主国家的经济制度，无论财产所有的民主制还是自由社会主义都是相对激进的主张。正如马丁·奥尼尔所指出的："罗尔斯理论这个令人惊讶和激进的元素到目前为止还未得到充分的关注，因此我们急需理解罗尔斯的制度方案之本性以及评价它们的真确性和说服力。"[6]罗尔斯反对福利国家的资本主义的具体理由究竟是什么？在什么意义上罗尔斯的理想政体压根儿就不是资本主义？罗尔斯"薄版本的经济自由观"的道德基础充分有效吗？正义第一原则究竟在什么意义上会支持财产所有的民主制？除了财产所有的民主制以及自由社会主义，别的政经制度真的不可能实现正义二原则的规范性要求吗？针对上述问题，我将分三个部分分别探讨之。首先，我将简述罗尔斯对自由社会主义和财产所有的民主制的正面阐述，以及他对福利国家的资本主义的批评；其次，我将探讨正义第一原则中的"薄版本的经济自由观"的道德理据；最后，我将通过援引詹姆斯·尼克尔（James Nickel）以及本杰明·巴罗斯（Benjamin Barros）等人对罗尔斯薄版本的经济自由观的批评，对罗尔斯正义第一原则中的经济自由观提出暂时性的修正意见。我的结论是，罗尔斯在论述正义二原则的政经制度选择时并没有给出令人信服的论证，因此这是一个开放的问题。

一、自由社会主义、财产所有的民主制与福利国家的资本主义

罗尔斯并非福利国家的资本主义的支持者，虽然这是最常见的流俗理解之一。造成这一误解的始作俑者不是别人正是罗尔斯本人，为此他深感懊悔，在《正义论》修订版序言中，罗尔斯承认，如果重写此书，将要做出的一个重要修订就是对福利国家的资本主义和财产所有的民主制做出明确区分。[7] 这一愿望在2001年出版的《作为公平的正义》一书中最终得到了实现。在这本书中，罗尔斯明确指出，最能体现其正义二原则的政经体制并非福利国家的资本主义，而是财产所有的民主制或者自由社会主义，其根本目标在于"随着时间的流逝确保背景正义"。罗尔斯称它们是"秩序良好的民主政体"的理想类型，正因为是理想类型，并且仅仅停留在政治哲学的考察领域，所以罗尔斯深知其限度所在，他坦承这里所探讨的大多数问题都是"高度争议性的"，"我不试图表明这些政策实际上能做到这点。这需要对社会理论做研究，而我们目前无法这么做。这里的论证和思想是粗略而直观的。"[8]

财产所有的民主制和自由社会主义的共同之处在于，它们"都建立了民主政治的宪政框架，确保基本的自由权以及政治自由的公平价值和公平的机会平等，如果不是通过差别原则也是通过互惠原则调节经济和社会的不平等"。[9] 换言之，它们都能很好地体现正义二原则。二者的不同之处是，既称"社会主义"，自由社会主义就意味着生产资料为社会所有，而财产所有的民主

制则允许"生产资料的私有财产权"。[10]需要立刻指出的是，正义第一原则虽然包含了私有财产权，却把生产资料和自然资源的私有财产权排除出基本自由权的保护范围，所以罗尔斯认为，在理论上正义二原则与这两种不同的财产体系和经济制度相互兼容，在实际政治的选择中罗尔斯认为很难在二者之间做出预先判断，只有综合考虑特定社会的历史条件、政治思想和政治实践的传统以及其他许多因素后才能做出选择。[11]

罗尔斯虽然对自由社会主义着墨不多，但从散落各处的论述可以得知，"社会主义"一词在罗尔斯这里并不特指"分配的平等主义"，而是重在强调"生产资料（土地、自然资源、实际资本）的公共所有权的经济制度"。[12]罗尔斯认为市场制度完全可以和私有产权制度以及社会主义制度相容，实现这一点的关键在于"区分价格的配给功能和分配功能"。[13]

正如我们在第三章中所指出的，区分"配给"与"分配"对于正确理解罗尔斯的理论至关重要。除了价格的配给功能和分配功能，罗尔斯还在更一般的意义上区分"配给正义"与"分配正义"：前者指的是在已知其欲望和需求的特定个人中就一定量的善进行分配；后者指的是在"社会基本结构"层面上对"基本善"进行分配。[14]这一区分的重要意义在于，它告诉我们只有"纯粹程序正义"才是考虑分配正义和社会正义的最恰切概念。

正因为了解人类理性的有限性以及人类知识的"分离性"（哈耶克语），罗尔斯才会主张社会正义不该对"无数的特殊环境和个人在不断改变着的相对地位"做出判断，这部分工作属于配给正义的领域，将交给市场去完成。

回到价格的配给功能和分配功能的区分。罗尔斯认为，由于在社会主义条件下生产资料和自然资源是公有的，这一部分的收入归国家所有，因此价格的分配功能——运用价格决定个人贡献的报酬——将受到很大限制，但是价格的配给功能——运用价格来配给生产要素以提高经济效率——依然存在，就此而言，市场制度无论对私有制还是社会主义制度都是兼容的。但是在具体的环境下，人们无法事先决定"这些制度及其许多中间形态中的哪一种更充分地符合正义要求"。因此在现实中究竟应该适用财产所有的民主制还是自由社会主义，"对这个问题大概并没有一般的答案"，而要"依赖于每个国家的传统、制度、社会力量和特殊的历史环境"。抽象的正义理论无法回答这些具体问题。[15]

正如萨缪尔·弗里曼所指出的："当被简单地理解成生产资料的公共所有权时，社会主义就是和使用市场价格来配给生产要素相一致的，只要资本与生产资料始终是公共所有的。这一形式被称为自由社会主义或者市场社会主义。"[16] 自由社会主义与国家社会主义的指令性计划经济不同，前者保证"企业在一种有效地自由竞争的市场体系内部开展它们的活动，职业的自由选择也得到了保证"[17]，后者则是"反对市场并依赖于（假定的）生产的理性计划（在理想的情况下是民主决定的）去配给生产要素的社会主义形式"[18]，并且在后者那里基本的职业自由选择也无法得到保证。

自由社会主义与财产所有的民主制的根本区别在于，前者明确主张生产资料和自然资源的所有权归国家或者社会所有，后者则允许存在生产资料的私人所有权（虽然它不受正义第一原则的保护）。相比之下，在承认生产资料的私人所有权这一点上，财产所有的民主制与福利国家的资本主义有着基本的共识，这也是人们常常混淆二者差异的原因所在。罗尔斯在《作为公平的正义》中做出的一个重要而醒目的修正就是对它们做出区分。

罗尔斯批评福利国家的资本主义将不可避免地"违背正义原则"[19]，借用奥尼尔的总结，福利国家的资本主义存在如下三个问题[20]：

（1）福利国家的资本主义没能保证政治自由的公平价值，因为"经济控制和多数政治生活的控制都掌握在少数人的手里"。（因此违背了罗尔斯的正义第一原则。）

（2）福利国家的资本主义不能充分地实现机会平等。（由此导向对正义第二原则的第一部分的侵犯。）

（3）福利国家的资本主义不能制度化地实现"互惠的原则"——比如差别原则——而是仅仅能够保证不充分的社会最低保障。（这是对正义第二原则的第二部分的侵犯。）[21]

由此可见，在罗尔斯看来福利国家的资本主义几乎全方位地违背了正义二原则，这让他有足够的理由与之划清界限。关于财产所有的民主制与福利国家的资本主义的主要差别，我们在第四章已做过深入分析，不再赘述。

仍旧借用奥尼尔的观点，我们可以把财产所有的民主制的制度性特征总结如下：

(1)资本的广泛分散：财产所有的民主制的必要条件是它蕴含了生产资料所有权的广泛分散，同时公民个体可以控制实质（相对平等的）数量的生产性资本（也许也有机会控制他们自己的工作条件）。

(2)阻止代际利益传送：财产所有的民主制包含了重要的地产、遗产和赠与物的税收的实施，以此限制最大的财富不平等，特别是代际相传的那种财富不平等。

(3)防止政治的腐败：通过竞选经费的改革，建立正当的公共基金，为政治辩论提供公共财政所支持的论坛，以及其他限制财富对政治的影响的手段（也许还包括以公共基金为基础的选举），财产所有的民主制试图限制私人或者公司财富对于政治的影响。[22]

综上所述，按照罗尔斯的设想，财产所有的民主制因为保障了政治自由的公平价值，以及制度化地实现了公平的机会平等和差别原则，所以是正义二原则最适合的社会制度安排之一。

到目前为止，我们已经相对清楚地了解了罗尔斯正义二原则的制度理想，接下来我们需要探讨两个方面的问题：首先，为了实现上述制度理想，罗尔斯必须对基本自由权中的财产权做出特殊规定。这一规定的道德基础究竟何在，罗尔斯的论证是否充分有力，这是下文将要探讨的主题。其次，我们需要一一考察正义二原则中的具体内容与制度理想之间的关系，为求简便，我们将只考察正义二原则与财产所有的民主制的关系，略去自由社会主义这一部分。

二、罗尔斯论基本自由权中的私有财产权

正如萨缪尔·弗里曼和约翰·托马西所指出的，高级自由主义[23]与古典自由主义和自由意志主义[24]的关键差别在于对经济自由和财产权的定义与保护上。

严格意义上的自由意志主义者，比如莫瑞·罗斯巴德（Murray Rothbard）和简·纳维森（Jan Narveson），认为自由权以及所有其他权利归根结底都是财产权，财产权不仅是根本性的权利，也是某种道德绝对之物（moral absolute）。以罗伯特·诺齐克（Robert Nozick）为代表的自由意志主义者或者将财产权视为前社会的、独立于政府的自然权利，或者从"自我所有者"的道德理想出发主张：（1）经济自由的观念不仅仅是厚版本的而且是绝对的；（2）为形式的平等观做辩护，认为市场的结果不仅仅是部分正义而且是完全正义的；（3）提出了原则性的理由否定国家拥有任何权威向公民征税来为其他人提供社会服务。[25]由此，自由意志主义的根本戒条就是，人们应该拥有几近于不受约束的积累、控制、转让事物（财产）的权利，不管其结果或者控制会对其他人造成什么影响。[26]

古典自由主义者有的是效益主义者，有的是自然权利论者，无论他们的论证思路是什么，都主张厚版本的经济自由观，并且把经济自由的普遍权利视为与其他权利和自由（如宗教自由、言论自由、结社自由等）同等重要之物。与自由意志主义者不同，古典自由主义者认为经济自由是根本的权利，但不具备道德绝对

性，因此，多数古典自由主义者会支持通过有限的税收政策建立公共教育系统和社会安全网，而自由意志主义者则反对这些项目。[27]

相比之下，高级自由主义者所主张的基本自由权内容最多，但包含的经济自由最少，因此被托马西称为"薄版本的经济自由观"。以罗尔斯为例，在正义第一原则中他列举了五大类基本自由权，其中包括：政治自由（投票权和担任公职的权利）以及言论自由和集会自由；良心自由和思想自由；人身自由，包括免除心理的压制和身体的攻击与分裂（个人的完整性）；持有个人财产的权利以及依照法治概念不受任意逮捕和没收财产的自由。[28]持有个人财产的权利虽然包括在内，但是"特定类型的财产所有权（如生产资料）以及自由放任理论所理解的契约自由"却被明确排除出基本自由权的范围，不受正义第一原则的保护。[29]

罗尔斯坦承上述基本自由权的清单并非完整无遗、一成不变的，因为"脱离一个特定社会的特殊环境——社会、经济和技术——完整地列出这些自由权是困难的，甚至是不可能的"。[30]具体说来，罗尔斯开列基本自由的清单的方式有两种：一种是历史的，通过研究各种各样的民主政体，在那些从历史上看起来更加成功的政体中，将那些看来是基本的并得到确保的权利和自由收集起来。另一种是分析的，"我们的思路是这样的：对于自由和平等的人之两种道德能力的充分发展和全面实践，什么样的自由权能够为之提供必不可少的政治条件和社会条件"。[31]

历史的路径表明，罗尔斯非常清醒地意识到在后形而上学时代，人们已经不再可能诉诸自然法、自然权利的进路去证明权利的神圣不可侵犯性，对于主张普世价值的多数自由主义者来说，这是一个巨大的政治让步，但是出于智识的诚实，我认为这是一个必须承认的事实，尽管它将导致权利概念从此丧失坚固的形上基础。[32]

分析的进路是罗尔斯为避免权利论证失败做出的尝试，这个思路的核心在于"人的政治观念"的提出。罗尔斯政治的正义观聚焦于"终其一生都有能力成为正常的和充分合作的社会成员的人"。获得这种"道德人格"（moral personhood）的关键在于发展出两种道德能力："关于正当和正义感的能力［尊重公平合作的条款并因此成为合情合理（reasonable）之人的能力］，以及善观念的能力［因此成为理性（rational）的人］。"[33] 有必要简单阐释一下两种道德能力的内容：正义感的能力体现的是人的政治观念中所具备的合情合理的能力，也即"理解、应用和践行（不仅仅是服从）规定了社会合作之公平条款的政治正义诸原则的能力"。善观念的能力体现的是人的政治观念中的理性能力，也即"形成、修正以及理性地追求善观念的能力"。[34]

罗尔斯认为："《正义论》的一个严重缺点是，在对基本自由权进行说明的时候，它提出了两个不同的然而冲突的标准，而这两种标准都是无法令人满意的。一种标准规定，这些自由权应该达到范围最广的自由体制；另一种标准要求我们采纳平等公民理性代表的观点，然后按照这种公民的理性利益来规定自由的体制……"[35] 罗尔斯现在不认同这两种标准，提出了他心目中更好的标准:"基本自由权及其优先性应该平等地保证所有公民在我们提到的两种基本情况中都拥有对于充分发展和全面而知情地实践两种道德能力必不可少的社会条件。"[36]换言之,关于一种自由是否是足够基本的因此是否应该包含在第一原则之中的实质性测验就是去追问"哪些自由是终其一生充分地发展和完全地实践这两种道德人格的能力的根本的社会条件"。[37]

正如我们在第四章中所指出的,罗尔斯只把两类经济自由划归受正义第一原则保护的基本自由权:第一种是职业选择的自由权,包括免于奴役和强制劳动的自由,以及选择和改变工作或职业的自由;第二种是"持有和排他性地使用私人财产的权利"。[38]

最为关键同时也最具争议性的内容出现在这里,罗尔斯把两种广义上的财产权剥离出基本权利的行列:

(1)一般而言在自然资源和生产资料方面的财产权,其中包括获取和馈赠的权利。

(2)包括参与控制生产资料和自然资源的平等权利在内的财产权,而这些生产工具和自然资源应该为社会而非私人拥有。[39]

这意味着,在特定的情况下,国家可以根据经济效率、稳定、平等以及公共利益等其他政治价值对上述两种财产权进行直接或者间接的干涉。

强调"包括参与控制生产资料和自然资源的平等权利在内的财产权"是"社会而非私人拥有"意味着资本和生产资料可以广泛地分散在工人、团体以及公司手中,工人甚至可以不同程度地参与企业的民主管理，弗里曼正是基于此认为财产所有的民主制是介于工团主义（syndicalism）和福利国家的资本主义之间的一种形态。[40]

如前所述，罗尔斯还把契约自由这个放任自由主义非常珍视的权利也剥离出了基本自由权。罗尔斯主张，以上广义的财产权之所以不是基本的，是因为它们"对于道德能力的全面发展和充分运用不是必需的，从而不是自尊之实质性的社会基础"。[41]值得深思的是，罗尔斯毫不讳言这个论证不够充分有力，他坦承："无论如何，它们可能仍然需要加以证明。这依赖于现存的历史条件和社会条件。……作为一种公共的政治观念，作为公平的正义应该为权衡是支持还是反对包括社会主义在内的各种财产形式提供一种共享的基础。要做到这点，它应该在基本权利的主要层面，尽力避免对生产资料的私人所有问题抱有先入之见。"[42]

以上表述说明罗尔斯并不确信"道德能力的论证"的效力，它需要得到进一步的分析，如果可能，还需要寻找其他形式的论证加以辅助支持。

丹尼尔·沙皮若认为除了"道德能力的论证"，罗尔斯论证基本权利的方式还包括"多样性论证"以及"重叠共识论证"。"多样性论证"的意思是，考虑到多元主义的事实，社会合作的唯一公平的基础就是允许存在大量不同的善观念，而基本善确保了这样的繁荣。重叠共识和基本权利之间的联系——沙皮若称之为"重叠共识论证"——在于，基本权利把最具分裂性的议题移除出政治议程之外，一旦一个议题属于基本（宪政）权利的范围，它就超越了民主多数和政治力量动态平衡的控制范围。[43]沙皮若认为虽然"道德能力的论证"不支持生产资料的所有权作为基本权利，也不要求在社会主义和资本主义之间做出选择，但是"多样性论证"和"重叠共识论证"却支持拥有和获得自然资源和生产资料的权利，这意味着总体而言，罗尔斯式的自由主义将支持自由市场的资本主义，罗尔斯本人搞错了其理论的隐含之意。[44]

限于篇幅，我们不拟对沙皮若的观点做出详细分析。所谓"多样性论证"和"重叠共识论证"都只是间接的而非直接的论证，二者不仅可以被"道德能力的论证"所蕴含，而且当三方发生冲突时，"道德能力的论证"所得出的结果在罗尔斯的理论中将占据压倒性的优势。因此即使沙皮若的推论成立，罗尔斯也可以通过调整"多样性论证"与"重叠共识论证"的范围和效力来否决沙皮若的最终结论。

与"道德能力的论证"构成相辅相成作用的是"理想的历史过程观的论证"。众所周知，罗尔斯的一个根本性观念是社会作为自由平等公民之间世代相继的公平合作体系之理念，为了实现"这个理想的历史过程观"，必须要借助正义原则来调整社会基本结构，以确保社会制度不会因为时间的推移而丧失背景正义。关于这个论证的细节，我在第三章中已有详细论述，在此不赘述。我认为这个论证很好地揭示了罗尔斯为什么会把自由放任主义所珍视的契约自由剥离出基本自由权。

必须承认，无论是"道德能力的论证"还是"理想的历史过程观的论证",都无法为罗尔斯薄版本的经济自由观提供终极性的道德论证。从方法论的角度看,自由意志主义者如诺齐克在论证财产权的道德绝对性时采取的是基础主义、演绎推理以及自然主义的方法,这类方法的优点是在形式上可以提供终极性的道德论证,但是缺点在于:(1)一旦有人不认同论证的前提——比如自我所有权或者自然权利的正当性——整个论证就失去了效力;(2)由于论证思路过于单一甚至单薄,常常给人造成思虑不详的印象,乃至得出违反基本直觉的结论,比如支持自愿为奴的观点。相比之下,立足于反思的均衡,罗尔斯对于基本自由权的论证思路偏重于历史主义、整体主义和理想型,这是罗尔斯一以贯之的方法论,在《正义论》中他曾经明确指出:"一种正义观不可能从自明的前提或者原则的条件中演绎出来;相反,它的证成乃是许多考量的相互支持,是把许多条件整合为一个融贯一致的观点。"[45]这类论证的优点是兼顾了日常的道德直觉与决策性程序的逻辑要求,缺点是始终处于不断校勘和反复的动态平衡之中,无法赢得一锤定音式的终极性论证。正如尤尔根·哈贝马斯(Jürgen Habermas)所指出的,对罗尔斯来说价值怀疑论和道德实在论都是不可接受的,他希望把理性义务的规范性陈述——甚至整个正义理论——奠定在可证成的主体间性的认知基础上,与此同时又不赋予其知识论的意义。[46]这是一种方法论上的自觉:正因为对后形而上学时代有着自觉的反省,所以罗尔斯不接受自然法和自然权利的论证思路;正因为对效益主义可能存在的现实恶果有着清醒的认识,罗尔斯才会放弃这种通过模仿自然科学建

5. 正义第一原则与财产所有的民主制

构一劳永逸的决策程序的方法，转而立足于契约论的传统，把证明转化为慎思，力求为薄的财产权提供一个公共的道德基础。

虽然我们力图同情地理解罗尔斯，但是不可否认罗尔斯在论述财产权时，更像是在做声明而不是论证。罗尔斯对此应该心知肚明，所以他的措辞与用语常常显得小心翼翼又信心不足，比如："这些观念以及其他的财产权观念的优点所在，得等到以后拥有了更多的关于社会环境和历史传统的信息时才能逐步决定。"[47]"我们的探讨是简略的，而且所提到的大部分问题是高度争议性的，例如，那些涉及选举和政治竞选的公共基金、不同种类的财产所有权和税收等问题。我们无法充分地解决这些复杂的问题，我的评论只是说明性的，并且具有高度的尝试性。"[48]

三、对罗尔斯私有财产观的批评

罗尔斯强调"平等的政治自由权"（包括投票权、担任公职的权利、集会自由、组织和加入政党的权利）的重要性，这与古典自由主义和自由意志主义形成鲜明的对比。

为了实现政治自由的公平价值，罗尔斯对基本自由权中的私有财产权做出特殊限制，把生产资料的所有权以及契约自由挪出基本自由权的范畴。

我们充分理解薄版本的经济自由观想要实现的规范性目的，但是一个理论的价值绝不仅仅取决于所展示的美好愿景，更取决于其论证基础以及在现实操作中可能出现的各种后果。如前所述,在后形而上学时代期待一个终极性的道德论证已不复可能,但是这并不意味着我们可以降低道德论证的严谨性要求。

我们将要深入探讨的三个问题依次是:

第一,罗尔斯对于"私有财产"(personal property)和"生产性财产"(productive property)的概念区分存在模棱两可之处,这是否会对他的薄版本的经济自由观造成某些根本性的冲击?

第二,从"道德能力的论证"的角度出发,罗尔斯只是简单地断言生产资料和自然资源的所有权并非充分发展和全面实践两种道德能力的必要条件,但没有对此做更进一步的分析,这个命题是否成立,值得深思。

第三,为了实现政治自由的公平价值,必须对财产权做出如此严苛的规定吗?有无可能通过具体政策的调整而不是基本自由权的限制,来实现政治自由的公平价值?

我们将依次对上述三个问题进行分析。

罗尔斯试图区分"私有财产"和"生产性财产",但问题在于,"在边缘地带拣选一些相对清晰的例子是可能的,但若要在二者之间划出边界却很困难"。[49]詹姆斯·尼克尔借用斯蒂芬·芒泽(Stephen Munzer)和诺齐克的观点指出私有财产很容易用于生产性的用途,最日常的例子包括用某人的厨房和器皿做外卖饭食出售,用某人的家用工具做修理工或者刷墙工来挣钱,以及用某人的花园工具来做园艺挣钱。[50]

推而广之,无论宗教自由、言论自由还是政治自由,都需要薄版本的私有财产以外的更多的经济自由权,比方说,当我们参与政治组织和政党活动的时候,和宗教组织一样,需要雇用全职的劳工,需要有固定的住所和设备,所有这些行为都要求远超出罗尔斯薄版本经济自由权之外的内容。尼克尔认为我们有很好的理由把更多的财产权利划归基本自由权,他提出两种论证方式,第一种是"连锁论证"(linkage argument),第二种是"直接论证"(direct argument)。

"连锁论证"的意思是,通过在一个封闭的、较有争议的经济自由权和另一个封闭的但较少争议的自由权之间建立关联,来表明如果一个人相信后者是重要的就必定会承认前者也是重要的。[51]"连锁论证"的作用在于利用私有财产与生产性财产的划界困难,指出如果财产是确保其他基本自由权的必要条件,那么我们就有可能将部分的生产性财产作为基本自由权的一部分,而不是简单地将之排除出正义第一原则的保护范围。

巴罗斯以言论自由——它毫无疑问是基本自由权之一——为例,尽管个体可以在街头的演讲台上实践言论自由,但是在现代世界中真正有效的言论却要求有能力进行广泛的意见传播。过去几百年里这意味着有能力进入印刷发行业。最近则意味着可以通过个人电脑和互联网来传播意见。印刷业是生产性资产的相对清晰的例子,相比之下,当代社会的个人电脑属于私人财产,但是与此同时它们也被广泛地运用于商业和信息经济,成为比古典的工业资产更重要的财富来源。不管是印刷业还是个人电脑,关键的问题在于,真正的言论自由要求拥有能被视为生产性资产的渠道。[52]

尼克尔在探讨政治自由时表达了类似的观点："一种承认政治自由但却严重限制经济自由的制度告诉人们，他们能够参与政治，但是他们应该在没有办公室和设备，没有职业雇佣者，不建立带有商业元素的组织来发动政治议程，以及不使用实质性的资源的前提下来做这件事情。"[53] 根据"连锁论证"的观点，如果拥有一定程度的生产性财产和经济自由（比如出租和买卖房屋与土地，雇用工人，出租或买卖印刷机器和设备等）是确保基本自由权的必要条件，那么正义第一原则就应该考虑同等地保护它们，而不是简单地剔除出去。我认为"连锁论证"很好地揭示出罗尔斯财产观的不足之处，姑且不论自然资源的所有权，毫无保留地将生产资料（生产性财产）的所有权剥离出基本自由权的范围，的确会造成一系列的连锁反应，最后可能伤及那些没有争议的基本自由权。

相比"连锁论证"的迂回进入，"直接论证"顾名思义是为厚版本的经济自由和财产权之根本重要性提供直接论证。这个论证与我们要探讨的第二个问题直接相关。

如前所述，尼克尔认为政治自由包含重要的经济面向，因此大规模地限制经济自由会实质性地限制政治自由。进一步来说，尼克尔认为："经济活动，与政治活动和智力活动一样，也是人之自主性的重要领域。"[54]

自主性的观念主张，"拥有正常智力和能力的成年人不应该（即使在被迫的情况下）把对自己生活的管理移交给其他人，即使他们做得更好。这种理想主张人们应该在相当程度上是自己生活的创制者。"[55] 在罗尔斯的理论框架里，自主性概念属于至善论的价值理想，从价值多元论和政治自由主义的角度出发，某些合乎理性的民主社会公民也许不会接受这个观念，但是尼克尔认为罗尔斯依然"在有限的意义上接受了自主性这个概念"，比如"正义感的能力和善观念的能力"就与"广义的自主性概念共享了很多内容"。[56]

正义感和善观念的能力是政治观念的人应该具备的两种道德能力。为了发展两种道德能力，正义的社会制度必须为公民提供所谓的基本善，这些基本善是"作为自由和平等的人度过完整的一生所需要的东西"，"它们对于充分发展和完全实践两种道德能力，对于追求他们各自特定的善观念来说，是一般而言必需的各种各样的社会条件和实现所有目的的手段（all-purpose means）"。[57] 基本权利和自由属于基本善清单上的一部分，从这个角度说，基本善也可以作为正义第一原则基本自由权的论证方式之一。

关键的问题在于，为什么从高级自由主义者的角度看，"公民自由和政治自由的发展和自由实践是人的道德本性的根本所在"[58]，而生产性的活动和商业贸易却不构成充分发展和完全实践公民两种道德能力的必要条件？罗尔斯对此只是做出简单的断言，并没有深入分析。尼克尔相信，发展和实践人的生产性能力的高阶兴趣（higher-order interest）内在地隐含在罗尔斯的道德能力和高阶兴趣的理论中。如果这个直接论证成立，那么基本善就将被拓展到支持更多经济自由的内容，由此基本自由权将包含更多经济自由的内容。

在罗尔斯的理论中，从两种道德能力向基本善清单的转变需要一个居中的环节，也就是所谓的三种"更高阶的兴趣"，这是道德心理学层面上关于动机资源的考察。因为人们拥有这些"更高阶的兴趣"，所以才需要开列出基本善的清单来发展和实践人的两种道德能力。尼克尔认为从语义上说，所谓"更高阶的兴趣"更加适合的表述是"根本的兴趣"，但罗尔斯没有使用这个术语。[59] 按照罗尔斯的想法，人们拥有三种"更高阶的兴趣"：(1) 发展和实践正义感的能力；(2) 发展和实践善观念的能力；(3) 终其一生保护和发展某些有确定内容（但允许发生改变）的善观念。[60]

对尼克尔来说，突破口出现在第三种更高阶的兴趣上。尼克尔认为完全可以设想如下场景，比如当一个人认为拥有一座房子是件好事时，他就会有兴趣去建造、购买或者租住一间房子，当一个人相信在教堂里做礼拜是件好事时，他就会有兴趣和其他人一起建造或者出资建造教堂。为了做这些事情，他就会有兴趣与其他有能力的人一道去生产木材、地板以及砖头之类的事物。总之，"发展一个人的善观念常常要求他自己和其他人参与生产制造"。[61] 尼克尔认为："因为第三种更高阶的兴趣包含了参与生产以及获得生产所必需的设备和物资的兴趣，我们就有理由说获取生产必需品是一种基本善。这种基本善将会支持把大量的经济自由包含在基本自由权当中。在我看来，它也支持罗尔斯理论中的平等机会和经济的最低要求，因为进行生产要求的不仅仅是自由。它还要求拥有技术和资产。"[62]

除了从更高阶的兴趣入手，尼克尔认为也可以从人类能力的观念入手论证更广泛的经济自由："我相信另一种能力——为自己和他人创造善品的能力——是被罗尔斯为了互惠而进行公平合作的制度这一根本观念所预设的。这一根本观念包含了如下观念：如果我们在公平条款下相互合作地制造和分配有用的产品、益品以及服务，我们所有人都会过得更好。"[63]

也许有人会反驳说，并不是所有人都对进入生产制造过程有兴趣，并不是每个人都对经济活动和商业贸易有兴趣，但是同样的反驳也可以针对其他基本自由权，比如并不是所有人都对政治活动有兴趣，甚至于并不是所有人都希望成为自我生活的创制者。就像不能由此推论得出不该保护政治自由的公平价值，以及不能推论得出不该发展人们的善观念能力一样，我们也不能由此推论得出不该发展每个人的生产能力。[64] 当然，正如尼克尔所指出的，主张将更多的经济自由权列入基本自由权之中，并不等于主张这些经济自由权应该是不受限制的或者它们的实践不能被法律所调整。[65]

综上所述，尼克尔与巴罗斯的结论是，即使根据罗尔斯的标准，也应该在基本自由权中包含某些生产性财产的权利。罗尔斯将私人产权包含在基本自由权中，反映出他也认为在允许个体形成、检测和依据他们的善观念以及有价值的人生观行动时，这部分财产是至关重要的。但是问题在于，在这个语境中，这部分财产不能仅仅限于非生产性的财产。[66]

现在的问题是，究竟应该将罗尔斯式的薄版本的经济自由

"增厚"到什么程度？我们需要从罗尔斯的立场退回到哈耶克的立场甚至诺齐克的立场吗？抑或我们不需要走得那么远，只需要在财产所有的民主制与福利国家的资本主义之间寻找一个平衡点？约翰·托马西在最新出版的《自由市场的公平性》(*Free Market Fairness*)中主张"市场民主制"的观念，指出"市场民主制的核心道德主张是厚版本的经济自由属于自由主义公民所拥有的基本自由权"。[67]但是正像弗里曼所担心的，一旦将古典自由主义式的厚版本的经济自由权列入"根本的"和"不可让渡的"基本自由权范畴，那就意味着"通过向每个人征税来为公共服务提供如公共教育、健康关注、失业保险、养老金以及其他被古典自由主义者如哈耶克、弗里德曼所认可的利益，都对它们构成了侵犯。"[68]限于篇幅，我们无法深入探讨这些细节问题。

有一点是明确无疑的，自由意志主义把财产权视为道德绝对之物是不可取的，古典自由主义厚版本的经济自由观在理论上和现实政治中同样不敷适用，需要做进一步的"削薄"，但是与此同时，罗尔斯在正义第一原则中所主张的薄版本的经济自由观同样存在难以克服的困难，一个可能的解决之道是，为了保证民主社会公民的第三种更高阶的兴趣，以及为了发展民主社会公民的生产性能力，可以允许将部分生产资料的所有权列入基本自由权的范畴，但为了保证"理想的历史过程观"，有必要继续将自由放任主义所珍视的契约自由排除在基本自由权之外。这只是一个初步的构想，对于这一构想的具体论证，限于篇幅，我们无法做进一步的展开。

现在让我们简短地探讨上文计划中的第三个问题：为了实现政治自由的公平价值，必须对财产权做出如此严苛的规定吗？有无可能通过具体政策的调整而不是基本自由权的限制，来实现政治自由的公平价值？

正如罗尔斯本人所承认的那样，由于这部分内容涉及社会理论的知识，作为政治哲学层面的探讨，罗尔斯给出的政策建议无法回答更细节的问题，因此也是极富争议性的。显然，社会理论和政治社会学的知识并非无足轻重，如果经验研究表明完全可以通过具体政策的调整实现政治自由的公平价值，那么就无须接受罗尔斯对财产权所做出的严苛规定，由此，不但正义第一原则的内容需要做出调整，相应的正义二原则所适用的政经制度也存在更多的开放性。马丁·奥尼尔就认为罗尔斯过于强调生产性资源的控制与政治生活的控制之间的关系的紧密性，也许无须接受与财产所有的民主制相关的经济政策而是借助其他方式，也能够避免经济权力向政治权力的转化，比如通过竞选经费的改革，或者规范政治演说，等等。[69]

四、小结

众所周知，罗尔斯把《正义论》的主题严格限定在"社会基本结构"层面上，更确切地说，就是"社会主要制度分配根本权利和责任，以及决定由社会合作产生的利益之划分的方式"。[70]

所谓"社会主要制度",罗尔斯指的是"政治宪法和主要的经济和社会安排。因此,对思想自由和良心自由的法律保护、竞争性的市场、生产资料的私有制以及一夫一妻的家庭都是社会主要制度的例子。把这些因素结合为一个体系,主要制度就定义了人们的权利和责任并影响着他们的生活愿景——他们可望达到的状态和成就。社会基本结构之所以成为正义的首要主题,是因为它的影响如此深刻并且从一开始就出现"。[71]

从以上表述可知,"竞争性的市场"和"生产资料的私有制"是社会正义考察的主题之一。作为社会基本结构的重要组成部分,经济制度和财产关系的性质深刻而广泛地影响了人们的生活愿景,对此罗尔斯心知肚明。然而,综观罗尔斯的正义理论,无论是早期的《正义论》还是后期的《政治自由主义》(*Political Liberalism*)以及《作为公平的正义》,他对于这部分的内容不仅着墨不多,而且常常语焉不详,相比自由主义传统对财产权和经济自由长篇累牍的阐释,罗尔斯的表现难免让人困惑。

我们认为,根据字典式排序,正义第一原则优先于第二原则,自由优先于平等。因此在论证正义二原则的制度性表达是否为财产所有的民主制时,正义第一原则在论证效力上顺理成章地优先于第二原则。不难想象,即便"公平的机会平等"和"差别原则"支持财产所有的民主制,但如果正义第一原则不支持财产所有的民主制,那么罗尔斯的论证也将因此失败。而在正义第一原则中,最能支持财产所有的民主制的无非两点:其一,罗尔斯关于薄版本的经济自由的论证;其二,关于政治自由的公平价值与生产资料私人产权之间的关系的论证和阐释。我们通过一系列论证指出，上述两点都存在着难以克服的困难。

罗尔斯说："分配正义的主要问题是社会制度的选择问题。"但由于罗尔斯正义二原则尤其是第一原则中关于经济自由和财产权的论述存在着可供商榷之处，这就意味着正义二原则的政经制度选择仍旧是一个开放的问题。

注释

[1] 本研究得到了中国人民大学科学研究基金暨中央高校基本科研业务费专项资金（批准号：11XNL007），以及中国人民大学科学研究基金"明德青年学者"项目（批准号：13XNJ049）的资助。
[2] RAWLS J. A Theory of Justice. Cambridge, MA: Harvard University Press, 1999: 242. 本章对罗尔斯原著的引文，均参考了现有中译本的译文，但根据英文原版进行了必要的修改或调整，在注释中我将只标明英文原著的页面。感谢何怀宏、何包钢、廖申白、万俊人、姚大志等前辈学者在罗尔斯专著翻译上做出的贡献。
[3] See SHAPIRO D. Why Rawlsian Liberals Should Support Free Market Capitalism. Journal of Political Philosophy, 1995, 3(1): 58.
[4] See KROUSE R, MCPHERSON M. Capitalism, "Property-Owning Democracy", and the Welfare State//GUTMANN A, ed. Democracy and the Welfare State. Princeton, NJ: Princeton University Press, 1988: 79-80.
[5] See RAWLS J. Justice as Fairness. Cambridge, MA: Harvard University Press, 2001: 136-138.
[6] O'NEILL M. Liberty, Equality and Property-Owning Democracy. Journal of Social Philosophy, 2009, 40(3): 379.
[7] 参见 [2]xiv.
[8] 同 [5]135-136.

[9] 同 [5]138.
[10] 同 [5]139.
[11] 参见 [5]139.
[12] FREEMAN S. Rawls. London: Routledge, 2007: 220.
[13] 同 [2]241.
[14] 参见 [5]77.
[15] 参见 [5]241-242.
[16] 同 [12]220.
[17] 同 [5]138.
[18] 同 [12]220.
[19] 同 [5]137.
[20] 萨缪尔·弗里曼曾经详细比较财产所有的民主制与福利国家的资本主义存在的11处不同观点（FREEMAN S. Capitalism in the Classical and High Liberal Tradition. Social Philosophy & Policy, July, 2011: 226-231.），限于篇幅，在此不赘述。
[21] 参见 [6]380-381.
[22] 参见 [6]382.
[23] 弗里曼在《非自由主义的自由意志主义：为什么自由意志主义不是一种自由主义观点》中创造了"高级自由主义"这个术语，所谓高级自由主义指的是与哲学自由主义相关联的一组制度和观念。哲学自由主义的核心观点包括：(1) 存在一组内在善，没有一种简单的生活方式可以包容它们的全部，因此存在各自不同的因其自身而有价值的生活方式；(2) 不管哪一种内在善对于个体是合适的，他们都有自由去决定和追求自己的善观念，这对于他们过上美好人生是根本性的；(3) 对于个体的善而言，一个必要条件是他们所接受的善观念与正义是一致的。弗里曼认为从18世纪至今，高级自由主义的主要哲学支持者包括康德、密尔、罗尔斯、洛克等人，高级自由主义的说法会让一些人反感，认为它有倾向性，但是弗里曼认为这个术语并不表明相对于古典自由主义具有道德上的优越性。参见 FREEMAN S. Illiberal Libertarians: Why Libertarianism Is Not a Liberal View. Philosophy & Public Affairs, 2001, 30(2): 105-107. 托马西在《自由市场的公平》一书中沿用了"高级自由主义"这个术语，并把古典自由主义视为自由主义传统的早期阶段，高级自由主义则是自由主义的当代形态。参见 TOMASI J. Free Market Fairness. Princeton, NJ: Princeton University Press, 2012: 51-56.
[24] 我把 libertarianism 翻译成"自由意志主义"而非"自由至上主义"，理由在于：(1) liberalism 同样珍视个人自由，并将之视为最高的价值，将 libertarianism 译成自由至上主义对 liberalism 不公；(2) libertarianism 传统上属于自愿主义的脉络，将自愿原则视为原点，因此自由意志主义是一个更为恰切的译名。
[25] See TOMASI J. Free Market Fairness. Princeton, NJ: Princeton University Press, 2012: 47.
[26] See FREEMAN S. Illiberal Libertarians: Why Libertarianism Is Not a Liberal View.

Philosophy & Public Affairs, 2001, 30(2): 126.
[27] 参见 [25]xxvii.
[28] 参见 [2]53. 在《作为公平的正义》中，罗尔斯列举的基本自由权清单与此类似，只存在些微的表述差异："思想自由和良心自由；政治自由（例如选举权和参与政治的权利）和结社自由，以及由人的自由和完整性（身体的和心理的）所规定的权利和自由权；还有最后，由法治所涵盖的权利和自由权。"参见 [5]44.
[29] 参见 [2]54.
[30] 同 [2]54.
[31] 同 [5]45.
[32] 关于没有本体论基础的权利是否可能的问题，请参见拙文《后形而上学视阈下的西方权利理论》，载于《中国社会科学》2012年6月号。在此不赘述。
[33] RAWLS J. Political Liberalism. New York: Columbia University Press, 1996: 302.
[34] 同 [5]18-19.
[35] 同 [5]112.
[36] 同 [5]112.
[37] 同 [33]293.
[38] 同 [5]114.
[39] 参见 [5]114.
[40] 参见 [12]220.
[41] 同 [5]114.
[42] 同 [5]114.
[43] See SHAPIRO D. Liberal Egalitarianism, Basic Rights, and Free Market Capitalism. Reason Papers, 1993, 18(Fall): 58-60.
[44] 参见 [43]63-64.
[45] 同 [2]19.
[46] See HABERMAS J. The Inclusion of the Others: Studies in Political Theory. CRONIN C, GREIFF P, eds. Cambridge, MA: MIT Press, 1998: 63-64.
[47] 同 [33]298.
[48] 同 [5]136.
[49] BARROS D B. Property and Freedom. New York University Journal of Law & Liberty, 2009, 4(36): 62.
[50] See NICKEL J W. Economic Liberties//DAVION V, WOLF C, eds. The Idea of a Political Liberalism: Essays on Rawls. New York: Rowman and Littlefield, 2000: 166.
[51] 参见 [50]157.
[52] 参见 [49]64.
[53] 同 [50]159.
[54] 同 [50]160.
[55] 同 [50]161.

[56] 同 [50]161.
[57] 同 [5]57-58.
[58] 同 [25]49.
[59] 同 [50]165.
[60] 参见 [33]74.
[61] 同 [50]167.
[62] 同 [50]167.
[63] 同 [50]167-168.
[64] 尼克尔提出了四种理由来为发展人的生产能力做辩护：(1) 终其一生能提供给一个人的多数善很可能是自我生产的，或者是通过参与合作的企业生产出来的。(2) 生产和储备的社会体系可能失败，尤其是在特定的领域或者环节，因此如果一个人厌恶冒险，那么他将为了生存和繁荣而发展出备选的能力。为了逃离战争、饥馑、压迫和宗教迫害，人们需要成熟的生产能力和实践它们的自由。(3) 在多数人参与到生产性活动的社会里，自尊会因为可避免的依附性而受到伤害，尤其当它是全面的和长期的。(4) 通过和其他人一起参与到生产性活动的努力，一个人可以享受善品和社会联合，而这会"极大地扩展和维系每个人的确定的善"。同 [50]168.
[65] 参见 [50]155.
[66] 参见 [49]67.
[67] 同 [25]121.
[68] FREEMAN S. Can Economic Liberties Be Basic Liberties? http://bleedingheartlibertarians.com/2012/06/can-economic-liberties-be-basic-liberties/.
[69] 参见 [6]387-388.
[70] 同 [2]6.
[71] 同 [2]6-7.

6. 古典共和主义与政治自由主义的一致性
—— 对桑德尔的几点回应

迈克尔·桑德尔（Michael Sandel）在《民主的不满》（*Democracy's Discontent*）中追本溯源，通过细致梳理美国建国二百多年的历史，严厉批评美国自由主义的种种流弊，比如无法解决共同体的萎缩、道德权威的侵蚀和日渐增加的因被剥夺权力的感觉而产生恐惧的问题，并把政治话语中一些最有力的词汇如"家庭""共同体""爱国主义""道德"和"宗教"的垄断权拱手让给文化保守主义者，等等。根据桑德尔的诊断，造成这一恶果的原因在于："坚持政府对各种相互竞争的良善生活观念保持中立的主张，导致自由主义者在政治争论中对道德和宗教问题束手无策。认为自由就在于我们选择个人目标的能力的思想，使得自由主义者对集体能动性的丧失和共同体的侵蚀无动于衷。"[1]

桑德尔对自由主义的批评不可谓不振聋发聩，然而真正的问题在于，在历数完自由主义的种种弊端之后，能否真正提供一个切实可行的"替代方案"取而代之？综观桑德尔近期的著作，从《民主的不满》《公共哲学》(Public Philosophy) 直到《公正：该如何做是对的？》(Justice: What's the Right Thing to Do?)，虽然它们为我们堆砌了大量让人心向往之的共和主义德行，并且为"一种新型的共同善的政治"设置了各种可能的议题，但是每当论及如何在当代社会正面建构共和主义的制度时，桑德尔就言辞恍惚、语焉不详。事实上，在一个合理的多元主义时代，共和主义对于政治的理解——"政治的关键不在于追求竞争的利益而在于超越它们，寻找作为一个整体的共同体的善"[2]——究竟能否在制度上落到实处，始终叫人心存疑虑。

我试图重新检讨桑德尔的两个基本立论：其一，"正当优先于善"的主张使得自由主义拥有了三个关键性的特征——"个人权利的优先性、中立性的理想以及个人作为自由选择的、无负荷的自我的观念"[3]。其二，程序自由主义的自由观"缺乏公民资源来维持自治，这一缺陷导致它难以处理困扰我们公共生活的无力感"[4]，最终导致其在发展社会团结、培育公民德行和共同责任感上的无所作为。

针对上述两个论点，我将以罗尔斯的正义理论作为主要资源，分四点回应之：首先，共和主义政治观之所以无法在合理的多元主义时代得到落实，乃是因为社会历史形态的整体变迁，让共和主义德行失去了赖以生存的脉络；其次，作为一般性的概括，桑德尔对自由主义那三个关键性特征的描述虽然成立，但失之粗疏，特别是当其运用到罗尔斯的理论时，罗尔斯虽然主张正当优先于善，但并没有主张绝对的国家中立性；再次，所谓"无负荷的自我"的解读没有真正把握罗尔斯理论的实质和精髓，罗尔斯的正义理论并不支持自私自利的极端个人主义的现实后果；最后，桑德尔指责以权利为基础的自由主义从罗斯福新政开始直到现在都在为福利国家做辩护，并且其主要理由是自愿论的自由观，"这些人主张扩大社会权利与经济权利的理由，不是指望培养一种更深厚的共享公民身份感，而是指望尊重每个人选择自己价值与目的的能力"。[5] 正像我在前两章反复强调的那样，罗尔斯的正义二原则适用于财产所有的民主制或者自由社会主义，它们与福利国家最大的区别在于，使包括"最少受惠者"在内的所有公民都具有自治的美德，并且培育他们养成参与公共生活所必需的政治德行。

我们的最终结论是，桑德尔所主张的共和主义并不能取代罗尔斯式的自由主义，恰恰相反，罗尔斯的正义理论在过去的三十年里经过不断的自我调适和重新定位，在确保自身理论的自洽性的同时，已经成功地吸纳了古典共和主义的主要批评。

一、"塑造路线" VS "程序路线"

在《公正：该如何做是对的？》一书中，桑德尔区分了三种正义：第一种是效益主义的，认为正义意味着使功利或者福利最大化；第二种是自由主义的，认为正义意味着尊重人们选择的自由，或者是人们在自由市场中做出的实际选择（如自由意志主义者的观点），或者是人们在平等的原初状态中所可能做出的假然选择（如自由平等主义者的观点）；第三种则是桑德尔本人所推崇的共和主义，认为正义涉及培养德行和推理共同善。[6]

桑德尔的立场看似鲜明实则摇摆，当他主张"为了形成一个正义的社会，我们就不得不一起共同地推理那一个良善生活的意义（reason together about the meaning of the good life）"[7]，他是在坚持共和主义的政治观——"政治的关键（在于）……寻找作为一个整体的共同体的善"[8]；但是当他接着说"（我们就）不得不创造出一种对于不可避免地要产生的各种分歧友善宽容的公共文化"[9]，似乎又更亲近自由主义的立场——关于良善生活的讨论所引发的混乱和争论是不可避免的，为了不导致压迫和不宽容的后果，公共文化就必须尽可能地包容关于良善生活的探讨所产生的分歧。事实上桑德尔本人也承认，如果问及什么样的政治话语能够指引我们通达共同善，他本人对此没有一个完备的答案。[10]

桑德尔的共和主义政治理想之所以与现实存在如此大的距离，从历史学和社会学的角度看，是因为他并没有心甘情愿地接受现代社会形态的根本变化以及由此产生的新个人主义；从政治哲学的角度看，则是因为桑德尔未能很好地处理正当与善的关系，低估了自由主义理论内部的自我纠错能力。

共和主义公民德行的培育和共同善的形成天然要求相对封闭

的空间和相对稳定的时间，这两个条件在合理的多元主义时代已然付之阙如。齐格蒙特·鲍曼（Zygmunt Bauman）曾经区分共同理解（common understanding）与共识（consensus）这对概念：共识是指由思想见解根本不同的人们达成的一致，是艰难谈判和妥协的产物，是经历过多次争吵、多次反对和偶尔的对抗后的结果，而共同理解则先于所有的一致和分歧，它是一种"相互的、联结在一起的情感"，一旦这种共同理解变得不自然，需要大声叫嚷、声嘶力竭时，它就不会再存在下去。此时，借用马丁·海德格尔（Martin Heidegger）的术语，共同理解就会从"上下在手状态"转化为"现成在手状态"，也就变成了深思熟虑和详细审查的对象。[11]

现代性的流动本质让一切坚固的东西都烟消云散，曾经理所当然、不成问题的生活世界不断地脱落成专题化的意见以及成问题的观点。在古典社会，共同善也许曾经作为"共同理解"深植于某一共同体，但是在价值多元主义的现代社会中，这种"共同理解"早已脱落成需经反复辩驳和讨价还价才能争取到的"共识"。亚里士多德说政治学的目的就是最高善，可是当亚里士多德主义和托马斯主义的自然概念——一个由内在目的论倾向调整秩序的目的王国——坍塌之后，哲学家就必须另觅他途去寻找政治学的目的。

詹姆斯·塔利（James Tully）指出，三十年宗教战争让格劳秀斯和赛缪尔·普芬道夫（Samuel Pufendorf）意识到"自然法理论既是一个宗教问题，也是一个政治问题"。宗教问题的解决之道只能求助于"宗教宽容",而政治问题的解决之道则是"从两个无可置疑的前提中,导出一系列普遍的权利原则:一个是对所有人都共同的科学重构条件,即'自然状态';另一个是在经验上可证实的条件,即自爱抑或人人自求自保"。[12]

作为"人人都能接受的善",自爱或者自我保存虽然看似卑微短浅,却具备两个方面的理论优势:第一,它重新奠定了政治社会的统一性根据,将作为最高价值的"共同善"调低为底线意义的"基本善";第二,从方法论上它为政治哲学和道德哲学找到了一条更具合法性的路径,借用罗尔斯的话说,它可以从一个被"广泛接受但薄弱的前提出发去得出一个具体的结论"[13]。相比之下,第二点的意义更加重大,因为它隐含了自由主义的核心议题:"一个合法的政体是这样的,它的政治和社会制度通过诉诸所有公民的理性(理论的和实践的)对他们——每一个人和所有人——具有证成性。"[14]

对比桑德尔所看重的共和主义德行,如荣誉、权力与荣耀,虽然它们在善的等级上更高端,但同时也注定了无法为所有公民所均享。按桑德尔的描述,美国建国之初,关于德行与自由之间的关系开国先贤们有过激烈的论辩。一方面,在共和主义者根深蒂固的政治观念中,"自由需要自治,自治又有赖于公民德行",因此"公众的德行是共和国唯一的基础"。比如本杰明·富兰克林(Benjamin Franklin)就认为:"只有有德行的民族才能获得自由。当国民腐败堕落时,他们更需要主人。"[15]但是另一方面,开国先贤们也认识到,"公民德行尺度太高,无法指望多数公民多数时候能达到"。既如此，自由的维持就不是依靠公民德行，而是"依靠一套机制与程序；经由这套机制与程序，竞争的利益将相互监督制衡"。[16]

桑德尔在总结这场争辩时认为，这种对于公民德行前景的怀疑引发了两种截然不同的反应：一种是塑造的（formative）路线，主张借助教育和其他方式，更加努力地培育德行；一种是程序的（procedural）路线，试图通过宪政变革，使得德行不那么必要。[17]

在《民主的不满》里桑德尔用三章的篇幅阐述了程序共和国是如何在宗教自由、言论自由和隐私等问题上一步步地走向中立性原则的。在桑德尔看来，康德式自由主义既然主张"正当优先于善"，也就很自然地在政治框架上支持中立性的理想，在自我观念上强调"选择中的自我"或者"无负荷的自我"。这三个观念存在着紧密的伴生关系，共同构成自由主义的核心特征，并进一步塑造了程序共和国的公共文化。

桑德尔认定正是程序共和国的公共文化导致了共和主义德行的丧失，而罗尔斯的正义理论集中反映了自由主义的本质特征："按照罗尔斯的看法，公正的社会不需要培养德行，也不需要把任何特定的目的强加给公民。公正的社会只是提供权利框架，在目的间持守中立；在这种社会中，在与他人同样的自由一致的情况下，人们能够追求自己的各种善观念。这就是正当优先于善的主张，正是这一主张界定了程序共和国的自由主义。"[18]

二、自由主义的三个本质特征？

桑德尔对于罗尔斯的指控不可谓不严厉，但是如果细查罗尔斯的理论，就会发现桑德尔的批评显得有些简单化和标签化，尤其是"公正的社会不需要培养德行"显然是对罗尔斯的极大误读，我们将在下文对此予以回应。在此之前，让我们先来审视一下所谓"自由主义的三个本质特征"能否很好地用来概括罗尔斯的理论。

罗尔斯的确反复伸张"正当优先于善"，但与此同时，他也一再强调各种善观念在正义理论中所发挥的不同功能。他在《正义论》中区分了善的弱理论与善的强理论，在《作为公平的正义》中则提出了六种善观念，认为正当与善对于任何正义观念（包括他所主张的政治的正义观念在内）都是缺一不可的。正当的优先性并不否定正当与善的互补性，这种互补性集中体现在如下反思中："除非正义制度和政治德行不仅容许而且维持了公民认定值得忠诚以待的诸种善观念（这些善观念是与诸种整全性理论相联系的），否则这些制度和德行就没有用处也没有任何意义。"[19]如果用一句话来简明扼要地界定正义（正当）与善之间的关系，那就是"正义划定界限，善表明目的"[20]。

正如前文所指出的，既然桑德尔同样承认关于良善生活的讨论必然导致混乱和分歧，而公共文化的主要功能就在于"尽可能地包容关于良善生活的探讨所产生的分歧"，那么一个很自然的推论就是，桑德尔的正义观同样需要寻找正当（正义）与善的互补性，而不是简简单单地将"正当优先于善"颠倒为"善优先于正当"。更进一步，为了避免遭到强制和不宽容的指责，桑德尔也需要寻找一套规则或者程序来调整善观念的争论，而这与罗尔斯所说的"正义划定界限"在本质上并无不同。限于篇幅，我们无法在这里深入地考察"正当优先于善"这个论题。我想指出的是，桑德尔不但未能公正地对待罗尔斯在这个议题上的复杂性，更没有意识到自己与罗尔斯立场的亲和性。

桑德尔对于自由主义中立性理想的批评同样不能完全适用于罗尔斯的理论。正如托马斯·内格尔（Thomas Nagel）等人所指出的，罗尔斯的基本善理论所隐含的恰恰不是一种中立性的政治框架，而是带有很强的个人主义色彩的非中立性政治设想。[21]事实上，罗尔斯并不避讳正义二原则的非中立性，因为"任何理性政治观念的原则都必须对可容许的整全性理论强加某些限制，而且这些原则所需要的基本制度也不可避免地鼓励某些生活方式，而反对另外一些生活方式，甚至对它们加以完全排斥"。[22]当然抛却中立性或者非中立性的字词之争，对桑德尔来说，自由主义中立性理想的最大问题在于，它不公正地排斥了共和主义的政治理想和公民德行，并让一些伟大而值得珍惜的生活方式无可挽回地逝去。对于这个指责，我们至少可以从两个方面来为罗尔斯的政治自由主义辩护。

首先，借用威尔·金里卡的一个观点，"国家中立性的最好理由恰恰是社会生活是非中立的，人们能够而且实际上在社会生活中的互竞的生活方式之间做出区别，肯定某一些，拒斥另一些,而无须使用国家机器"。[23] 罗尔斯主张在涉及宪政实质的问题时,国家不要做任何意图在于支持某种特殊的整全性理论的事情,但是社会生活的自然发展会自然而然地表现出非中立性,有些生活方式、价值理想会排序较高,而另一些则会排序较低。国家中立性与社会生活的非中立性可以达成一个较为和谐的生态环境。人类各种合理但互竞的卓越、荣誉、善观念将在这样的一个国家中立框架中找到容身之地,同时在社会的非中立性中觅得各自的序列排位。

其次,正如以赛亚·伯林(Isaiah Berlin)所指出的,没有代价的社会世界是不存在的。罗尔斯式的正义社会之所以可取,不在于它是完全没有代价的,而在于相比任何其他的社会,它都拥有更为广阔的空间去包容、吸纳各种合理的善观念。这种包容性让它与理性多元论以及现代世界的其他一些给定的历史条件很好地和谐相处。

三、利己主义的错觉

以桑德尔为代表的反对意见认为罗尔斯无知之幕背后的立约各方是一个与现实生活经验相背离的"无负荷的自我",因其行为的动机是"相互冷漠",所以必然会导向一个利己主义的正义观。但是正像罗尔斯所言,认为"这种正义观是利己主义的,那是一种错觉"。[24]

之所以是错觉,一是因为将无知之幕背后的立约各方设定为相互冷漠的个体，并不等于主张无知之幕揭开之后，身处日常生活中的众人也是没有负荷、相互冷漠乃至自私自利的。前者是"方法论的个人主义"意义上的预设："原初状态中对于相互冷漠的假设是为了确保正义原则不建立在过强的假设之上"[25]，其目的是从一个"被广泛接受但薄弱的前提出发去得出一个具体的结论"[26]，而绝不是在主张"本体论的个人主义"或者承诺"无负荷的自我"。

如果我们正确地理解正义的主观环境（the subjective circumstances of justice），便会发现，就定义而言，正义就是染有"自利"原色的个人品德和社会价值，它绝非纯粹的利己主义，而是处在自向动机和他向动机（纯粹的利他主义）的交界处并且更偏向于自向动机。因此举凡讨论正义问题就必须以此作为逻辑起点，这是概念自身的应有之义，与作者个人立场无关，甚至也无须预设某种特定的哲学人类学。关于这一点，我们可参考安内特·拜尔（Annette Baier）的观点："关于正义起源的说法首先是要澄清正义的发明旨在解决什么问题。一俟我们认为，正义所要解决的问题是人们对可易手之物的吝啬，那么，解决方案的大致轮廓也就清楚了。"[27] 这句话的意思是说，如果人们在主观上对于可易手之物毫不吝啬，那就无所谓正义不正义，正义这个概念就丧失了存在的理由，变成了纯粹的利他主义或者仁爱问题。反之，如果人们是"拔一毛以利天下而不为"的"极端利己主义者"，正义的主观环境也就丧失了。由此可见，将立约各方的动机设定为相互冷漠并不是为了主张或者强化人的自利性，而是探

6. 古典共和主义与政治自由主义的一致性

讨正义问题的应有之义。如果我们仔细审查《正义论》第25节中所开列的原初状态的要素表，就会很清楚地看到，罗尔斯将相互冷漠与有限度的利他主义（limited altruism）同时作为立约各方的动机。这表明在罗尔斯的理解中，相互冷漠和有限度的利他主义之间是可以画等号的，它们位于绝对的利己主义与绝对的利他主义二者的中间状态。

桑德尔之所以会对"无负荷的自我"耿耿于怀，认定由此必然会导致所谓的利己主义的正义观，是因为他并没有真正领会罗尔斯融贯主义和整体主义的方法论。罗尔斯指出："一种正义观不可能从原则的自明前提或者条件中演绎出来，相反，它的证明是一种许多想法的互相印证和支持，是所有观念都融为一种前后一致的体系。"[28]正像他指出的，如果将《正义论》中的某一个观念——比如社会基本结构、无知之幕、字典式排序、最少受益者的立场以及纯粹的程序正义等——单独挑出来审视都会显得过于单薄，"这些观念仅靠自身并不能发挥作用，但是恰当地组合在一起就能很好地为我们服务"。[29]如果攻其一点，不及其余，那么"相互冷漠"的确会造成"自私自利"的假象，但是如果公允而且正确地理解罗尔斯的方法，就会发现这个理解有多么错误。罗尔斯说："互相漠不关心与无知之幕结合起来，就达到了仁慈所达到的目的。这两个条件结合起来，迫使原始状态中的每一个人去考虑别人的善。因此，在作为公平的正义里，善良意志的效果是通过几个条件的联合作用而实现的。认为这种正义观是利己主义的，那是一种错觉，是由于只考虑原始状态诸因素中的一个因素而造成的。此外，这一组假定的优点比仁慈和智慧加在一起的优点更大。"[30]

正是因为原初状态和无知之幕的各种条件设置，使得立约各方"都不知道彼此的差异，所以，每个人都拥有平等的理性，处于类似的境遇，每个人都被同样的论证所说服。……如果任何人经过适当的反思后倾向于认同某一种正义原则，那么他们所有人都会认同，全体一致的同意也就达到了"。[31]这种全体一致同意的正义二原则不会倾向于任何特定的立场，每一个人虽然在动机上互不关心彼此的利益，但在效果上却实现了互惠和利他，因为无知之幕和原初状态的设计确保人们"被迫为所有人选择"正义二原则。在这个意义上，罗尔斯正义观的目的不是为了给利己主义张目，而恰恰是要实现"善良意志"。不仅如此，它在方法论上也要明显优于古典政治哲学和效益主义，因为后者要求一个仁慈加智慧的"上帝视角"，这是一个过厚（thick）的预设。相反，相互冷漠加无知之幕要求的只是"个体的视角"，每个人只要具备基本的自然理性，就可以随时进入到这个思想实验中去自我确证正义二原则的有效性。

《正义论》中有一段表述常常被人忽视：

> 我们能够把自由、平等和互爱这些传统概念用下述方式和从民主角度对正义的两个原则所做的解释联系起来：自由符合第一个原则，平等符合第一个原则中的平等概念和公平的机会均等概念，而互爱则符合差别原则。[32]

6. 古典共和主义与政治自由主义的一致性

启蒙运动以来，最受瞩目的政治价值莫过于自由与平等，博爱要么被忽视，要么被简单划归到伦理学的领域。罗尔斯正义理论的突出贡献就在于在社会基本结构的层面上认真对待博爱。正像涛慕思·博格所指出的，在面对贫穷、失业等社会问题时，伦理学也许要求行为者在日常生活之外做出努力（比如慈善布施）来解决这样的匮乏，但是它们都属于消极义务而不是积极义务的范畴，"罗尔斯之所以集中关注社会正义，乃是由于他洞察到，伦理学越来越不能处理现代社会具有重要道德意义的方面的问题，现代社会引起了大量的社会问题，制度性道德分析远比交往性道德分析更能很好地解决这些难题"。[33]

"差别原则"突出地体现了启蒙运动三大价值中的互爱理念，并且试图在制度设计上营建一种互惠的社会，就此而言，那种认为"无负荷的自我"必然会导致"自利的社会"的指责显然是不成立的。

四、自由主义的德行观

桑德尔认为，从罗斯福新政开始直到现在，以权利为基础的自由主义都在为福利国家做辩护："这些人主张扩大社会权利与经济权利的理由，不是指望培养一种更深厚的共享公民身份感，而是指望尊重每个人选择自己价值与目的的能力。"[34]桑德尔批评福利国家非但没有增加贫困阶级的公民德行和公共参与意识，反而创造出一种依赖性文化，进一步导致了自治的丧失和对共同体的侵蚀。桑德尔再一次把矛头对准了罗尔斯，将罗尔斯视为维护福利国家的典型代表[35]，然而这个指控再次被证明是一次误读。

我们在前几章中已经反复强调，罗尔斯将自己的理论命名为"财产所有的民主制"，并与福利国家观做出了明确的区分。福利国家观的目标是："没有人应该跌到体面的生活标准以下，所有人都应该得到一定的保障来对抗偶然事故和命运不济——比如失业补偿与医疗照顾。收入的再分配满足了这一目标。"[36]初看上去，福利国家观与罗尔斯的正义理论非常类似，但是二者之间存在着一个重大的差别：财产所有的民主制"试图分散财富和资本的拥有，由此就避免社会的少部分人控制经济并因此间接地控制政治生活。财产所有的民主制要避免这一情况发生，不是通过把收入再分配给那些在每个时段的最后阶段收入最少的人，而是通过在每个时代的开始就确保生产资本以及人力资本（教育能力和受训练的技术）的广泛拥有"。[37]相比之下，福利国家尽管试图在每一时期的终点处，鉴别出那些需要帮助的人，通过社会财富的再分配予以补救，但是这种体制允许财富与政治影响上的悬殊差距，这与财产所有的民主制是背道而驰的。

罗尔斯认为福利国家的资本主义虽然让任何人都不处于体面的最低生活标准之下，但是因为缺少背景正义并存在着收入和财富的不平等，很有可能造就一种"沮丧而消沉的下等阶级"，这些人中的大多数长期依赖于福利，有深深的被抛弃感，从而放弃参与公共政治文化。[38]相反，财产所有的民主制由于从一开始就把足够的生产资料普遍地交给公民而非少数人，所以他们能够在平等的基础上成为完全的社会合作成员。罗尔斯希望在正义制度的安排下，让所有公民都处于自己管理自己事务的位置上，那些最少受惠者不会成为他人博爱、同情或者怜悯的对象，而就是政治正义的互惠性原则所关涉的对象。在这个意义上将不会产生所谓的"下等阶级"。[39]

罗尔斯的正义社会绝非桑德尔所说的不需要培养品德。按照罗尔斯的观点，正义二原则所建立的宪政民主政体将积极地鼓励和发扬各种有助于合作功能的政治德行，比如合乎理性和公平感的德行、和解精神、与人为善的德行以及履行公共的公民职责之义务的意志，等等。由于正义二原则是在平等和相互尊重的基础上被所有人所共同接受的，这种公共性的特征，辅以差别原则所体现出来的互惠性，将促进公民之间的相互信任，培育社会合作所需要的政治德行，对公共生活的道德品质和公民的政治性格产生有益的影响，最终构成一种伟大的公共善（a great public good）。[40]

"作为公平的正义"不以特定的人和具体的事作为主题，始终关注社会基本结构层面的问题，但并不表明个体德行和公民教育的论题不在罗尔斯的视野之内，恰恰相反，这些问题一直内置在他的制度构想之中。在一个实现了正义二原则的政治社会中，不仅人们"能够发展他们的道德能力，并成为一个由自由和平等公民组成的社会之完全的合作成员"，而且政治社会也能够发挥"教育公民的公共功能，这种功能使公民拥有一种自由和平等的自我观念；当其被适当调整的时候，它鼓励人们具有乐观主义的态度，对自己的未来充满信心……"[41]

虽然罗尔斯所设想的政治德行与共和主义的公民德行存在差异，但是在给定理性多元主义和现代社会各种限制性条件的前提下，合乎理性和公平感的德行、和解精神、与人为善的德行以及履行公共的公民职责之义务的意志显然要比荣誉、权力和荣耀更加具有相关性和紧迫性。

回到桑德尔《民主的不满》，在回应如何避免共和主义有可能导致的"排斥性"和"强制性"的恶果时，桑德尔区分了"卢梭式的共和主义理想"与"托克维尔（Tocqueville）式的共和主义理想"。前者因为预设共同善是单一的和不可争论的，所以不可避免地导向强制性，相比之下，后者不仅试图培养团结一致的共同感，而且也鼓励培养独立性与判断力以便更好地协商共同善，因此也就更加温和与可欲。在桑德尔看来，托克维尔所描述的共和主义政治"与其说是一致同意的，不如说是分歧选出的。它不是摧毁人们之间的空间，而是用公共制度来填充这一空间……这样的制度包括乡镇、学校、宗教，以及各种维持德性的职业，它们塑造了一个民主的共和国所要求的'心智的品质'与'心灵的习性'"。[42]

倘若这就是桑德尔心中所想的共和主义理想，那么他与罗尔斯之间的差别就真的微乎其微了。罗尔斯在《作为公平的正义》中区分了公民人本主义（civic humanism）与古典共和主义。公民人本主义是一种亚里士多德主义，它把参与政治生活视为首要的人类善，主张人作为政治的动物，他的内在本质最充分地体现在对民主社会政治生活广泛而深入的参与。由于公民人本主义把政治参与看成一种完全的善（complete good），所以它仍旧属于整全性的哲学学说，从而与罗尔斯的政治自由主义不相容。古典共和主义则不同，它主张为了民主自由的安全，需要公民的积极参与，但是并不因此否定私人生活的价值，也不预设一个完全的善作为政治生活的最终目的，人们在一起共同地推理善，但并不坚持一定要推理出唯一的作为整体的共同体的善。由于古典共和主义不包含任何整全性的理论，所以罗尔斯认为，它与政治自由主义是完全相容的，同作为公平的正义也是完全相容的。[43]

虽然桑德尔本人的表述存在着模糊性，但是从他更加欣赏托克维尔式的共和主义理想来看，他应该更偏向于罗尔斯所说的古典共和主义而非公民人本主义。金里卡在评价自由平等主义与公民共和主义时曾如此感慨道："左派人士在我们社会面临的95%的实际问题上都能达成一致，却要把全部时间花费在相互争论那剩下的5%的不同意见，而不是携手为我们已取得共识的95%的问题而奋斗。"[44]同样的感慨也可以应用到桑德尔对罗尔斯的批评上。桑德尔孜孜以求于塑造民主共和国所要求的"心智的品质"和"心灵的习性"，罗尔斯又何尝不是在苦苦思索这个问题呢？涛慕思·博格指出，罗尔斯一生都在聚焦两个对他来说意义重大的问题：一个正义的制度安排是如何可能的；一个值得度过的人生是如何可能的。[45]我们不妨将这两个问题合二为一，重述"罗尔斯问题"：建立一个正义的制度以确保每一个人过上有价值的人生是如何可能的。在这个意义上,"罗尔斯问题"不仅是对苏格拉底问题——"一个人应当如何生活"——的重新表述,也是对卢梭问题——"什么样的政府性质能造就出最有道德、最开明、最聪慧,总之是最好的人民"[46]——的重新表述。

注释

[1] 桑德尔. 民主的不满. 曾纪茂,译. 南京:江苏人民出版社,2008:427.
[2] 同 [1]150.
[3] 同 [1]32.
[4] 同 [1]6.
[5] 同 [1]326.
[6] See SANDEL M. Justice: What's the Right Thing to Do? London: Penguin Group, 2009: 260.
[7] 同 [6]261.
[8] 同 [1]150.
[9] 同 [6]216.
[10] 参见 [6]216.
[11] 参见鲍曼. 共同体. 欧阳景根,译. 南京:江苏人民出版社,2003:5-7.
[12] 塔利.《人和公民的自然法义务》编者引言. 梁晓杰,译. 世界哲学,2006(5):103.
[13] RAWLS J. A Theory of Justice. Cambridge, MA: Harvard University Press, 1999: 16.
[14] RAWLS J. Lectures on the History of Political Philosophy. Cambridge, MA: Harvard University Press, 2007: 13.
[15] 同 [14]148-149.
[16] 同 [14]153.
[17] 参见 [14]151-152.
[18] 同 [14]339.

[19] RAWLS J. Justice as Fairness. Cambridge, MA: Harvard University Press, 2001: 140-141. 在《政治自由主义》中，罗尔斯也曾指出"正当与善是互补的，没有任何一种正义观可以完全地凭借其中的某一个概念，而是必须以特定的方式将二者联系在一起。正当的优先性并不否定这一点"。参见 RAWLS J. Political Liberalism. New York: Columbia University Press, 1996: 173.
[20] RAWLS J. Justice as Fairness. Cambridge, MA: Harvard University Press, 2001: 141.
[21] See NAGEL T. Rawls on Justice. Philosophical Review, 1973, 82(2): 226-229.
[22] 同 [20]153.
[23] 金里卡. 自由主义、社群与文化. 应奇，葛水林，译. 上海：上海译文出版社，2005：260.
[24] 同 [13]129.
[25] 同 [13]111.
[26] 同 [13]16.
[27] 转引自慈继伟. 正义的两面. 北京：生活·读书·新知三联书店，2001：69.
[28] 同 [13]17.
[29] 同 [13]77.
[30] 同 [13]129.
[31] 同 [13]120.
[32] 同 [13]91.
[33] 博格. 罗尔斯：生平与正义理论. 顾肃，刘雪梅，译. 北京：中国人民大学出版社，2010：32.
[34] 同 [1]326.
[35] 参见 [1]340.
[36] 同 [13]XV.
[37] 同 [13]XV.
[38] 参见 [20]140.
[39] 参见 [20]139-140.
[40] 参见 [20]116-118.
[41] 罗尔斯. 作为公平的正义. 姚大志，译. 上海：生活·读书·新知三联书店，2002：91.
[42] 同 [1]374.
[43] 参见 [20]144.
[44] 转引自 [1]426.
[45] 参见 [33]2.
[46] 卢梭. 忏悔录：第二部. 范希衡，译. 徐继曾，校. 北京：人民文学出版社，1985：500.

7. 哈耶克为什么不是一个保守主义者？[1]

哈耶克无疑是当代美国保守主义最重要的思想资源之一。美国保守主义的大本营《国民评论》(*National Review*) 杂志的创办者小威廉·F. 巴克利（William F. Buckley Jr.）盛赞哈耶克的《通往奴役之路》是"给沉醉于中央计划所带来的社会幸福和经济繁荣的激情时代的……一剂清醒剂"[2]。然而令当代美国保守主义者倍感尴尬的是，在1957年举办的朝圣山学社第十次会议上，哈耶克发表论文《我为什么不是一个保守主义者？》(Why I Am Not a Conservative?)，与保守主义做了明确区别。如何回应和消化哈耶克的这个声明，长期以来是美国保守主义者的一块心病。最常见的解释是哈耶克的自我声明名不副实：鉴于哈耶克的很多核心论点，比如强调人类认知的有限性、反对建构理性主义、主张经济和道德领域的自生自发秩序、对传统的尊重等，都与保守主义有着很强的家族相似性，所以哈耶克其实是一个保守主义者。[3] 此外，还有论者主张美国建国之父们就是自由主义者，而哈耶克致力于维护这一自由的传统，所以称他为保守主义者并无歧义，例如乔纳·戈德堡（Jonah Goldberg）认为此文更恰当的标题是"我为什么不是一个欧洲保守主义者？"[4]，言外之意是哈耶克反对欧洲的保守主义但不反对美国的保守主义。以上观点有一定的道理，论者可以在哈耶克的论著中轻易找到相关的佐证。比方说，哈耶克承认美欧政治光谱之间存在错位："在欧洲被称作'自由主义'的东西在这里是美国政体所赖以建立的共同传统；因而美国传统的捍卫者便是欧洲意义上的自由主义者。"[5] 既然美国既存的是自由制度，那么"维护现存制度经常就是维护自由"。[6] 尽管如此，我认为以上解释没能公允地面对两个问题：首先，从思想史的角度出发，哈耶克此文不仅针对欧洲的保守主义，也是在批驳以拉塞尔·柯克（Russell Kirk）为代表的当代美国保守主义者；其次，虽然自由主义与保守主义会在特定时期形成短暂的政治结盟——对此哈耶克也直认不讳——但是哈耶克着重强调的是，由于二者的哲学理由和证成基础不同，自由主义与保守主义在理论上存在着无法调和的矛盾，这也正是《我为什么不是一个保守主义者？》中反复重申的主要论点。

我们尝试从五个方面澄清以上问题。首先，我们将在第一部分介绍20世纪50年代发生在自由意志主义[7]与传统的保守主义之间的三次重要辩论，以期从思想史的角度厘清哈耶克写作的时代背景与动机。接下来将通过引入塞缪尔·亨廷顿（Samuel Huntington）关于保守主义的三种定义（贵族式的、自主式的和情境式的）辨析哈耶克与保守主义的关系。第二部分意在指出，当哈耶克批评保守主义的神秘主义、反智主义、等级制以及推崇权威与特权的倾向时，采纳的是"贵族式"定义。第三部分意在指出，当哈耶克批评保守主义因为缺乏"政治原则"所以会被社会主义拖着走的时候，采纳的是"情境式"定义。第四部分的主要论点是，虽然哈耶克与"自主式"定义的保守主义——这也是保守主义最富哲学意蕴的部分——具有相当的重合度，但这依然不足以支持他成为一个保守主义者。第五部分我们将试图给哈耶克的政治光谱做一准确定位。

一、融合主义之前的三次论辩

当代美国保守主义的兴起要追溯到小罗斯福总统的新政时期。彼时，美国国内新政自由主义一枝独大，国外面临共产主义和法西斯主义的威胁。基于敌人的敌人就是朋友的思维模式，几支理论旨趣各异的力量，如好战的反共主义、自由意志主义以及传统的保守主义，开始互相吸引，并在第二次世界大战之后逐渐汇聚在"保守主义"这面大旗之下。由此可见，当代美国保守主义从一开始就带有浓厚的"权宜之计"的色彩，它更多地是由反对的对象而非支持的理念所定义，一旦时移势异，比如共同敌人消失或者各方力量此消彼长，就面临解散或者重组的危险。反之，为了维系和强化"联合阵线"的凝聚力，当代美国保守主义就必须进行艰难的理论整合工作，唯其如此，才有可能把"权宜之计"转化为"重叠共识"。

在盘根错节的当代美国保守主义内部，自由意志主义者与传统的保守主义者之间的争论可谓最激烈也最旷日持久。自由意志主义者主张自由是最高的政治善，其内容包括自由选择、自愿结社、个体判断、自我所有权以及私有产权的绝对神圣性。由于主张在政治和经济领域最大化个体自由，所以强烈反对国家与政府对自由市场的干预，认同小政府或者守夜人的国家（政府只需要提供司法体系、军事保护以及警察治安即可），极端者甚至主张无政府主义的自由市场。相比之下，传统的保守主义者虽然关注个体自由，但更看重习俗、传统、惯例和宗教，把它们视为人类繁荣以及社会秩序稳定的必要条件，把自由意志主义者视为对秩序和德性的威胁。

20世纪50年代，有三场辩论最值得一提。1957年安·兰德（Ayn Rand）出版畅销小说《阿特拉斯耸耸肩》（*Atlas Shrugged*），短短几年之内销量超过一百万册。日后成为自由意志主义理论领袖的莫瑞·罗斯巴德以粉丝身份给安·兰德写信，盛赞此书无疑是有史以来最伟大的小说。[8] 安·兰德称自己的哲学体系为"客观主义"，她的价值观可以简述如下："人是为了自身而存在的，追求个人幸福是最高的道德目的，绝不能为了别人牺牲自己，也不要求他人为自己献身。"[9] 根据这种极端的唯我论，安·兰德主张彻底摒弃宗教、集体主义以及利他主义，唯一能与人类自由相协调的经济制度就是不受约束的自由放任资本主义。安·兰德自称:"我正在挑战的是2500年的文化传统。"[10]同年12月28日,惠特克·钱伯斯(Whittaker Chambers)在《国民评论》杂志以《老大姐正在盯着你》(Big Sister is Watching You)为题激烈批评安·兰德的个人主义和反传统立场,指控她是典型的尼采主义者,其政治观点最终将导致纳粹主义,小说里的几乎每一页都可以听到一个声音:"滚到毒气室里去!"[11]安·兰德没有直接回应钱伯斯的批评,但在日后声称《国民评论》是"美国最糟糕和最危险的杂志"。她毫不客气地指出,该杂志把资本主义和宗教混为一谈,用迷信玷污了理性。[12]

另一场辩论发生在弗兰克·迈耶(Frank Meyer)与拉塞尔·柯克之间。柯克被公认为战后美国保守主义运动的精神教父,他在名著《保守主义的心灵》(The Conservative Mind)中对个人主义进行了严厉的驳斥:"真正的保守主义,未受边沁主义或者斯宾塞(Spencer)主义感染的保守主义,与个人主义是针锋相对的。个人主义主张社会的原子主义;保守主义主张精神的共同体。"[13]柯克相信个人主义者不仅反基督,而且其政治后果必然导致无政府,这与传统保守主义者笃信宗教、尊重习俗、传统、惯例以及前人的智慧迥然不同,因此一个人在逻辑上不可能同时是个人主义者和保守主义者。[14]自由意志主义者弗兰克·迈耶多次批评柯克,认为他根本不理解自由社会的观念和制度,其观点不过是"这个时代的集体主义精神的另一种伪装"[15]。

正如布拉德利·J.波泽尔(Bradley J. Birzer)所言,从历史的角度看，哈耶克与柯克在 1957 年的朝圣山学社第十次会议期间的辩论可以被视为 20 世纪非左翼思想内部最重要也是最开诚布公的辩论之一。哈耶克与柯克都自认为是老辉格传统的继承人，都高度重视并且尊敬埃德蒙·柏克（Edmund Burke）的政治思想。二者看似同属一个政治传统，但是哈耶克却拒绝"保守主义"的标签，直陈自己为"不悔悟的老辉格党人"，相反，柯克全身心地拥抱"保守主义"，自认是一个"哥特式的浪漫主义者"或"波希米亚式的托利党人"。[16] 柯克将哈耶克归入自由主义阵营，在《保守主义的心灵》以及一系列文章里激烈批评哈耶克，认为他"和'曼彻斯特学派'的经济学家以及多数当代自由主义者如小阿瑟·施莱辛格（Arthur Schlesinger Jr.）要对肤浅和错误的人性假设负责。期待单单依靠经济学理论来拯救我们是错误的；将生产和消费理解为人性的本来目的也是错误的"。[17] 另一方面，哈耶克虽然在《我为什么不是一个保守主义者？》中只字未提柯克的名字，但是正如著名出版人亨利·勒涅里（Henry Regnery）在回忆录中所说，此文无疑受到了"柯克著作的成功及其观点所代表的影响深远的立场的激发"。[18]

20 世纪 50 年代的这三场争论凸显出自由意志主义者与传统的保守主义者在理论上的深刻分歧，其核心争论点可以归结如下：第一，自由与秩序，自由与权威，尤其是自由与德性的关系到底为何？借用罗斯巴德日后的总结："德性行为（不管我们如何定义它）应该被强制推行，还是应该交由个体自由和自愿的选择？"[19] 第二，政治问题归根结底是经济问题还是宗教和道德问题？对柯克以及传统主义者来说，答案显然是后者，他们认为哈耶克及其同道未能充分理解的真理正在于——经济秩序不可能"离开道德秩序长期存在"。[20]弗兰克·迈耶最先意识到"融合主义"（fusionism）势在必行。针对传统保守主义者，迈耶指出未经自由选择的德性不是德性；针对自由意志主义者，迈耶辩说缺乏道德的个人主义不过是在制造混乱，而混乱进一步会导致另一种类型的压迫。[21]1964年迈耶主编出版《何为保守主义》（*What is Conservatism*），在这本被后人誉为美国保守主义《联邦党人文集》的文集里收录了拉塞尔·柯克、威尔莫尔·肯达尔（Willmoore Kendall）、维尔海姆·洛卜克（Wilhelm Roepke）、小威廉·巴克利等名家的文章，其中最引人注目的莫过于哈耶克的《我为什么不是一个保守主义者？》。如前所述，哈耶克此文看似针对欧洲保守主义，但他的批评也是直接针对柯克为代表的传统的保守主义者。从思想史的角度出发，我们很难置时代背景和哈耶克的初衷于不顾，简单将其划入当代美国保守主义的阵营。

二、自由与权威

在辨析哈耶克是否为保守主义者之时，首要的问题是如何定义保守主义。乔治·H.纳什（George H. Nash）怀疑存在"任何单一的、令人满意的、无所不包的关于那个叫作保守主义的复杂现象的定义"，甚至认为"保守主义内在地就反对精确的定义"。[22]纳什的论断得到了多数学者的认同，比如塞缪尔·亨廷顿就认为关于保守主义存在着"三个宽泛且相互冲突"的定义：

第一，贵族式理论把保守主义定义成个别、独特且唯一之历史运动的意识形态：它是18世纪末和19世纪上半叶，封建贵族阶级对法国大革命、自由主义以及资产阶级兴起的一种反应。……自由主义是资产阶级的意识形态，社会主义和马克思主义是无产阶级的意识形态，保守主义则是贵族阶级的意识形态。这样保守主义就和封建主义、特权地位、旧制度、土地利益、中世纪精神以及贵族密不可分地联系在了一起，而与中产阶级、劳工、商业主义、工业主义、民主、自由主义和个人主义存在着不可调和的矛盾。这种保守主义概念在"新保守主义"（new conservatism）的批评者中非常流行。

第二，保守主义的自主式定义认为，保守主义并不必然和任何特定群体的利益联系在一起，而且它的出现也不依赖于任何社会力量的特殊历史结构。保守主义是一套普遍有效的、自主的（autonomous）观念体系。它以普遍价值来定义自身，例如正义、秩序、平衡、协调。……它表明保守主义不仅在当代美国是相关的和可取的，而且是任何历史环境下都适宜的政治哲学。

第三，情境式定义把保守主义看作这样一种意识形态，它产生于一种特殊的但经常重复出现的历史情形，在这种情形中存在着一个针对既定制度的重大挑战，既定制度的支持者采用保守主义的意识形态来进行防卫。这样，保守主义就是一种可以用来维护任何既定社会秩序的思想体系，无论何时何地，也不管出于何种角度，只要是对现存社会秩序的本质或存续提出根本性挑战，它都坚决反对。[23]

亨廷顿本人对这三种定义的取舍态度非常明确，他否定贵族式和自主式的定义，主张情境式的定义。在美国1950年的语境下，这意味着真正的保守主义"只能源自那些深切关注美国制度之维护的自由主义者"。[24]我们不拟深入探讨亨廷顿的具体思路，也不打算给保守主义下一个融贯一致的定义，而是借助亨廷顿的区分，指出无论根据哪个定义，哈耶克都无法被令人信服地贴上保守主义者的标签。

我们先来探讨"贵族式"定义的保守主义。亨廷顿不认同这个定义，他的理由是"在贵族制或封建主义与保守主义之间没有必然的联系：不赞成贵族制的人可以阐述保守主义的意识形态，而赞成贵族制的人也可以阐述非保守主义的意识形态"。[25]但是必须承认保守主义的最初形态就是"贵族式"的，其源头可以追溯到17—18世纪自由主义所反抗的保守主义特质，在这个意义上，就如亨廷顿所言，它"和封建主义、特权地位、旧制度、土地利益、中世纪精神以及贵族密不可分地联系在了一起，而与中产阶级、劳工、商业主义、工业主义、民主、自由主义和个人主义存在着不可调和的矛盾"。[26]

按照"贵族式"的定义，哈耶克显然不是保守主义者，事实上，早在《通往奴役之路》1956年的再版序言中他就对此有了明确的表示：

> 真正的自由主义仍旧有别于保守主义，而且混淆二者是危险的。保守主义尽管是任何有序社会的必要成分，但并不是一种社会项目；就它的家长式作风、民族主义和崇拜权力的趋势而论，它常常更接近于社会主义而不是真正的自由主义；就它的传统主义、反智主义以及惯常的神秘主义倾向而论，除了在很短暂的幻灭时期，它永远都不会吸引年轻人以及所有相信这个世界若要变得更好某些变化就值得追求的人。
>
> 依其本性，保守主义运动必然会成为既有特权的辩护者，而且依靠政府权力来保护特权。然而，自由主义的本质则是否定任何特权，如果特权是在适当和原初的意义上被理解，也即由政府赋予和保护的、无法与其他人平等分享的权利。[27]

在一年后发表的《我为什么不是一个保守主义者？》中，哈耶克针对"贵族式"保守主义的种种特征，如家长式作风、崇拜权力、反对民主、反智主义、为特权辩护，做了更进一步的分析和批判。

哈耶克认为，保守主义者恐惧变化，对新事物怀有忧心忡忡的不信任，这导致他们"倾向于使用政府的权力来阻止变化或限制它的发展速度"。[28] 这与保守主义的另外两个特点——偏爱权威和缺乏对经济力量的理解——紧密相连。例如保守主义担心的不是"政府权力"本身,而是担心政府权力掌握在谁的手上,保守主义者"本质上是一个机会主义者,没有原则,所以其主要希望必然是智者和好人进行统治"。[29]因为保守主义者不反对运用政府强制力去推行目标,在这个意义上,他们与社会主义者一样,"认为自己有权把自己的价值观念强加于人"。[30]

哈耶克直陈保守主义并不真心认同自由市场制度,"保守主义者通常都是保护主义者,在农业方面总是支持社会主义者的方法。……另外,许多保守主义的领导人在设法使自由企业丧失信誉方面,和社会主义者是争先恐后的"。[31]

民主在哈耶克的价值排序中低于自由,但这不等于他反对民主,相反,哈耶克对保守主义反民主的倾向毫不同情,在他看来,要反对的是未受限制的政府而非民主。民主在哈耶克眼里,类似于丘吉尔的那个著名判断:"是我们不得不从中选择的许多政府形式中危害最轻的一个。"[32]

针对保守主义的等级制和特权倾向,哈耶克一方面承认"在任何社会里总有一些明显优秀的人,他们与生俱来的标准、价值和地位应该得到保护,他们比其他人在公共事务方面应该有更大的影响"——这让他与平等主义拉开了距离。[33]另一方面,哈耶克坚持自由主义"职位向天赋开放"的机会平等原则,"否定任何人有权威决定谁是这些优秀的人",主张"精英分子必须通过在应用于所有其他人的相同规则之下保持自己的位置的能力来证明自己"——这让他绝不会接受"贵族式"保守主义的等级制和

7. 哈耶克为什么不是一个保守主义者?

特权观。[34]

在纯粹思想领域,哈耶克批评保守主义"并不相信争论的力量,它最后的一招通常是声称自己有超常智慧……"[35],"我个人认为,保守观点最不能接受的特征……就是它的反启蒙主义"[36]。

综上可知,在任何意义上哈耶克都不会是一个"贵族式"定义的保守主义者。归根结底,这是因为哈耶克对一切不受约束的专断权力——无论是在政治领域、道德领域还是经济领域,无论是君主、人民还是国家的——始终保持警惕。这也正是哈耶克自称"一个不悔悟的老辉格党人"而且特别强调"老"这个字的根本理由所在,因为从诞生之初起,对"那些真正的保守主义者"而言,"辉格主义一词就是他们最讨厌之物的代名词",因为辉格主义"曾经是一贯反对所有专断权力的唯一思想体系的名称"。[37]

三、改道抑或缓行？

"情境式"的保守主义与其说是一种意识形态,不如说是一种守旧的气质和倾向。就像休·塞西尔(Hugh Cecil)所说:"天然的守旧思想是人们心灵的一种倾向。那是一种厌恶变化的心情,它部分地产生于对未知事物的怀疑以及相应地对经验而不是对理论论证的信赖,部分产生于人们所具有的适应环境的能力,因此,人们熟悉的事物仅仅因为其习以为常就比不熟悉的事物容易被接受和容忍。"[38]

哈耶克在一定意义上承认这种"天然的守旧思想"的合理性："严格意义上的保守主义是对剧烈变化的一种合理的——可能是必要的——并且理所当然广为流传的反对态度。"[39] "如果保守主义者仅仅是不喜欢制度和公共政策方面太快的变化，那也就没有太多可反对的了；在这里赞成谨慎行事和缓慢的过程的理由实在是很充分的。"[40] 但是哈耶克对"情境式"定义的保守主义的同情也仅止于此。在《我为什么不是一个保守主义者？》中，哈耶克开门见山地提出了自己的基本立场：

> 当大多数被认为是进步性的运动都拥护对个人自由的进一步侵犯的时候，那些珍视自由的人可能会不遗余力地投身于反抗运动之中。在这里他们发现自己很多时候和那些习惯于反抗变化的人站在一边。在现实政治方面他们除了支持保守的政党之外通常别无选择。然而，我试图界定的立场经常也被说成是"保守主义的"，但它和传统的保守主义差别很大。在这种含混不清的关系中存在着危险……[41]

"珍视自由"的人为何会与"反抗变化"的人结成同盟？这是因为他们面对共同的敌人。进步运动不仅危及个人自由，也会带来剧烈的变化，自由主义者和保守主义者出于不同的理由结成临时的盟友，前者为自由而战，后者为传统、秩序和美德而战——这是迈耶"融合主义"之所以可能的现实基础。然而相比共同的敌人，哈耶克更看重反对的理由，因为不同的反对理由不

7. 哈耶克为什么不是一个保守主义者？

仅决定了反对的韧性和强度,而且决定了反对之后所肯定的政治方向和理想。

哈耶克强烈反对"情境式"的保守主义,甚至认为这构成了反对保守主义"最有决定性的理由"——"它天生不能为我们正在前进的方向提供另外一种选择的可能。"[42]换句话说,"情境式"的保守主义只具备"减速"而非"转向"的功能。哈耶克一反学术界的常见分类,认为自由主义、保守主义和社会主义并不是位于线性政治光谱的左中右位置,三者的关系更像三角关系,每种立场各踞一角。哈耶克指出,因为保守主义缺乏独立的政治原则和理想,在面对自由主义和社会主义的拉扯时,它必定会被拖往力量更大的那一方:"因为社会主义者在过去很长一段时间里能够更卖力地向自己的那个方向拉,所以保守分子倾向于跟从社会主义而不是自由主义的方向,并且在相当长的一段时间里接受了那些因激进的宣传而备受重视的观念。和社会主义妥协并抢先实践其理想的人一般都是保守主义者。"[43]

以上论断首先针对的是英国保守党在19世纪末20世纪初的表现。养老金、疾病和失业救济、工伤补助、全民健康计划等一系列政策正是在英国保守党执政期间实现的。有鉴于此,哈耶克指出:"正如欧洲许多地方的情形一样,保守主义者已经接受了集体主义相当大一部分的信条——这些信条指导政府时间很长,以其为依据的许多制度已被看作是理所当然的,并被创造它们的'保守的'政党引以为豪,在这种情形下,划清界限就绝对必要了。"[44]

值得一提的是，在保守主义与社会主义联手的可能性这个问题上，左翼学者伊曼纽尔·沃勒斯坦（Immanuel Wallerstein）与哈耶克的观点可谓不谋而合，他说："我们不应该完全忽视第三种可能性，即保守主义者与社会主义者携手对付自由主义者，虽然这在理论上看来可能性极小。圣西门式社会主义具有的'保守'特性，它的博纳尔德的思想根源，经常受到人们的议论。保守主义和社会主义这两大阵营可能会聚合在他们所共同具有的反个人主义本能思维之上。同样，像哈耶克这样的自由主义者也曾指责过，卡莱尔（Carlyle）的保守主义思想具有'社会主义的'特性。这一次人们争论的是保守主义思想中的'社会的'一面。实际上，塞西尔勋爵公开地、毫不犹豫地向人们展示了这种相似性：'人们常常认定，保守主义和社会主义是直接对立的。但是，这并不完全正确。现代的保守主义继承了托利主义，后者对国家的活动和权威持赞同态度。实际上，赫伯特·斯宾塞就曾攻击说社会主义事实上是托利主义的复活……'"[45]

现在的问题在于，"保守主义者已经接受了集体主义相当大一部分的信条"这个论断是否也适用于当代的美国保守主义者？

我们认为，首先，从理论上说，哈耶克认为"减速"而非"改道"并非欧洲保守主义所独有的，而是保守主义的普遍特征。其次，就现实政治而言，虽然哈耶克写作此文时，当代美国保守主义者的具体表现仍有待实证检验，但日后的事实证明哈耶克的担忧并非没有道理。尼克松执政期间推出的种种政策法规曾令民主党人暗自得意地说："保守主义者得到的是名，我们得到的是实。"[46]里根尽管大幅减税,但却没有削减公共开支,美国国债在其执政期间增加了1.5万亿美元。小布什主张"充满同情心的保守主义",对林登·约翰逊的政绩大加推崇:"我们共和党经常指出'伟大社会计划'的不足和错误,但其中也不乏成功之处,联邦医疗保险计划就是一个例证。"[47]由是观之,作为当代美国保守主义的政党,共和党对于第二次世界大战之后的美国政治走向起到的实际作用并非"改道"而是"减速",哈耶克的预言可谓一语成谶。

其实,除了"减速"和"改道",保守主义还有另外一种选择,就是"回返"(going back),借用哈维·曼斯菲尔德(Harvey Mansfield)的观点:"回返乃是一场针对当下或自由主义现状的革命。它其实是一场反革命。它将引发骚动、颠覆,并被指斥为极端主义——想想1994年的美国共和党革命。"[48]这显然也不是哈耶克所能认同的方向。

有别于"情境式"的保守主义,哈耶克认为自由主义首先追问的"不是我们应该行驶多快或多远,而是我们应该驶向哪儿",其主要优点是"要走向另外的地方,而不是静止不动。……它从来不是一个朝后看的学说。"[49]这与柯克为代表的传统的保守主义者形成鲜明对比,柯克虽然并不完全排斥变化,甚至有时也会引用柏克的名言——健康的"变化是保存之道"——自辩,但是当他用"相比未知的魔鬼他们更偏爱已知的魔鬼"[50]来强调保守主义者所主张的社会延续性原则时,就跟哈耶克有了根本的差别。对哈耶克来说,"自由主义者不反对进化和变迁(evolution and change）；在自发的变化被政府控制所遏止的地方，它要求大幅度改变政府政策。……在自由主义者看来，世界上大多数地区最迫切需要的是彻底扫除自由成长的障碍"。[51]

四、自生自发秩序：神圣的还是自然的？

罗杰·斯克鲁顿（Roger Scruton）认为，尽管哈耶克自称不是保守主义者，但是究其根本，"哈耶克的核心论证和观点属于保守主义传统……哈耶克自始至终对于自由的辩护让他更接近于柏克而不是潘恩（Paine），接近于迈斯特（Maistre）而不是圣西门，黑格尔而不是马克思"。[52]

上述论点得到了众多响应，比如琳达·C.雷德（Linda C. Raeder）就曾指出："简而言之，柏克和哈耶克代表着同一政治传统。他们不仅支持同样的政治哲学，而且对社会的本质、理性在人类事务中的作用、政府的适当职责持有类似的观点，在一定程度上，关于道德的本质和法律规则的看法也相当接近。尽管他们之间也存在差异，这些差异源于柏克是正统的基督徒，而哈耶克是宗教不可知论者，但他们各自观点之间的共识要远大于分歧。"[53]

不少学者认为，既然哈耶克与柏克的观点高度近似，而柏克是举世公认的保守主义鼻祖，那么哈耶克就是如假包换的保守主义者，哪怕他本人对这个标签敬谢不敏。借用亨廷顿的概念区分，上述立场支持的是"自主式"定义的保守主义——这是"一

7. 哈耶克为什么不是一个保守主义者？　　179

套普遍有效的、自主的观念体系。它以普遍价值来定义自身，例如正义、秩序、平衡、协调"[54]。

我们认为，虽然哈耶克与"自主式"的保守主义存在家族相似性，但是依旧无法支持哈耶克就是一个保守主义者。首先，哈耶克推崇柏克不假，但他的理由恰恰不是因为柏克是保守主义者，而是因为柏克和他一样都是对专断权力高度警惕的老辉格党人。其次，哈耶克虽然在尊重传统，推崇自由市场、普通法司法制度、自生自发秩序以及批驳大陆建构理性主义等问题上与柏克的立场非常接近，但是如果我们仔细考察各自立场背后的理由就会发现二者存在着根本的分歧。

众所周知，自生自发秩序是哈耶克的核心理论主张，在一定意义上，哈耶克承认自由主义者从一些保守主义思想家那里吸收了相关的养分，他列举塞缪尔·柯勒律治（Samuel Coleridge）、路易斯·德·波拿德（Louis de Bonald）、约瑟夫·德·梅斯特（Joseph de Maistre）、贾斯特斯·缪泽尔（Justus Möser）以及多诺索·柯特（Donoso Cortès）等人的名字，称"不管他们在政治中如何反动，但他们的确显示出了对自发成长的制度（spontaneously grown institutions）的意义的理解，比如语言、法律、道德和规范"[55]。

值得注意的是，在以上表述中，哈耶克有意识地排除了"经济学领域"[56]，这是因为他认为保守主义者"缺乏对经济力量的理解"[57]。而且在列举让自由主义者受惠的保守主义思想家名单时，哈耶克并未提及柏克的名字，因为哈耶克压根儿就不认为柏

克是保守主义者:

> 保守主义在创造一个关于社会秩序是怎样保持的总的概念方面如此无能为力,以至于它的现代信徒们在尝试构建一个理论基础时,总发现自己过分求助于那些把自己当作自由主义者的作家。麦考利(Macaulay)、托克维尔、阿克顿(Acton)勋爵和莱基(Lecky)不用说都认为自己是自由主义者,并且这也是公正的;即使柏克,直至生命的最后一息仍是一个老辉格派,如想到被人当作一名托利党,大概会感到毛骨悚然。[58]

柏克是一个老辉格党人,而不是托利党人,这一点常常被那些将他推崇为保守主义鼻祖的后人忽视或遗忘。哈耶克认同阿克顿勋爵的判断:柏克和麦考利、格拉德斯通(Gladstone)是他那个时代三个最伟大的自由主义者。在这个问题上,哈维·曼斯菲尔德的观点与哈耶克近似,他在《柏克的保守主义》(Burke's Conservatism)一文中正确地指出:

> 斯坦利斯和施特劳斯都没有提到柏克的保守主义,这有很好的理由,柏克本人就没有使用这个术语。而假设我们能找到一个比思想家本人为自己找的名字更好的名字,是不明智的。"保守主义"不是一个独立自持的术语;它产生于和"自由主义"或"进步主义"的对照和对立中。它是一个反应性的词汇,一个预设了某个党派(指自由主义)会持续存在的对应物,对于这个党派,如今被称作保守主义者的人最

初试图对之进行扼杀,但却失败了。但对我们而言,在我们这个自由主义党派非常活跃的时代,柏克看起来就可能是保守的了'。[59]

退一步说,即便我们遵从当代美国保守主义的主流意见,将柏克视为保守主义之父,进而承认哈耶克和柏克一样认同自生自发秩序的重要性,也仍需要强调指出二者在形而上学基础上的巨大分歧。如雷德所言:"对柏克来说,'商业规律……是自然法,因此也就是上帝的律法'。换句话说,他把经济规律视为神圣法的展示……在柏克看来,违反这些规律就是违反上帝的意志。由此他认为,践踏自生自发的市场过程的结果是该遭天谴的。经济的不景气在他看来正是上帝在显示他的意志,'试图通过人为的创造来软化上帝的不悦'是傲慢放肆的表现。"[60] 相反,作为无神论者,哈耶克绝口不提任何超验的根据,而是主张社会秩序的源头完全是内在固有的(wholly immanent)。据考证,哈耶克的父亲和祖父都是生物学家,哈耶克终其一生深受达尔文科学的影响,甚至将亚当·斯密和柏克解读成"达尔文之前的达尔文主义者",认为他们展示了"进化论路径"在社会科学上的应用。[61] 在这个意义上,哈耶克虽会承认社会秩序的客观性,但绝不接受其神圣性和超越性。事实上,在哈耶克看来,"如果说对老辉格党人有什么可挑剔的话,那就是他们和一种特定的宗教信仰联系过紧了"。[62] 我们有理由相信,此处被挑剔的"老辉格党人"指的就是柏克。

这里我们可以简单对比一下柯克的观点。柯克认为："在任何意义上，柏克都是保守主义的奠基者。"[63] 而保守主义的第一原则就是："相信存在着主导社会和良心的神圣意志（divine intent）——它在权利和责任之间缔造了永恒的联系，将伟人和凡人、生者与死者连为一体。政治问题归根结底是宗教和道德问题。"[64] 这显然迥异于以哈耶克为代表的世俗自由主义者。在柯克看来，达尔文主义作为一种科学理论，"严重伤害了保守主义秩序的第一原则"。[65] 而哈耶克的错误在于将政治问题归结为经济学问题，"在哈耶克的推理链条背后似乎隐含了一个假设，只要建立起完美的自由市场经济，所有社会问题就会自行迎刃而解"。[66]

某种意义上，哈耶克取柏克自由主义的一面，柯克重柏克保守主义的一面。哈耶克虽然自认是"柏克式的辉格党人"，但其哲学上真正的师承源自休谟这个哲学史上最著名的经验主义者、怀疑论者和不可知论者。表面上看，哈耶克和保守主义者一样珍视美国的自由传统，但是哈耶克坚持认为绝不能由于这个事实而模糊二者之间的区别，因为"对自由主义者来说，这些制度值得珍惜主要不是因为它们由来已久，或者因为它们是美国的，而是因为它们符合他所珍爱的理想"。[67] 与之类似，虽然哈耶克和保守主义者都强调人类知识的有限性，但是哈耶克坚持认为二者存在根本差异，自由主义者"愿意正视这种无知，并且承认我们知道的是多么少，在理智不及的地方不去要求承认一个超自然的知识来源的权威性。必须承认，在某些方面，自由主义者本质上是一个怀疑主义者……"[68] 在这个意义上，我们可以借用乔治·H. 纳什的评论来区分哈耶克与柯克："在根本上哈耶克想要人类社会在自由中自发地发展——这是处理无知的最佳方法。对于神义论的保守主义者来说，人类根深蒂固的问题不是无知（头脑的失败）而是原罪（心灵的失败）。"[69]

五、小结

当代美国保守主义在20世纪50年代出现的"融合主义"运动首先基于政治上的考量，但是就学理而言，自由意志主义与传统的保守主义之间始终存在着难以调和的紧张关系。1982年，"融合主义"运动接近三十年之际，柯克旧事重提，站在传统保守主义者的立场上再次重申对自由意志主义的拒斥，称后者为"形而上学的疯子"和"政治上的精神病人"。他列举了保守主义与自由意志主义的六点差异。

第一，现代政治学最重要的分界线，如埃里克·沃格林（Eric Voegelin）提醒的，不在于一边是极权主义者，另一边是自由主义者（或者自由意志主义者）；而在于一边是所有信仰超验的道德秩序的人，一边是所有将朝生暮死的个体错误地当成全部存在和全部目的的人。

第二，在任何可以容忍的社会里，秩序是第一要务。自由和正义在秩序得到合理保证之后才可能得以建立。但是自由意志主义者赋予抽象自由以至高无上性。自由意志主义者以秩序为代价，推崇绝对和无法定义的"自由"，实则危害了他们所推崇的自由。

第三，在是什么维持市民社会的完整性的问题上，保守主义者不同意自由意志主义者。自由意志主义者认为——就其承认任何纽带关系而言——社会关系是自利的，非常接近于现金支付的关系。但是保守主义者认为社会是灵魂的共同体。

第四，自由意志主义者通常相信人性是好的和善的，尽管受到了特定社会制度的伤害。相反，保守主义者主张"因为亚当的堕落我们都是罪人"：人性虽然既有善也有恶，但绝无可能臻于至善。由此社会的至善是不可能的，所有人都是不完美的——他们的邪恶包括暴力、欺诈和对权力的渴求。

第五，自由意志主义者声称国家是最大的压迫者，但是保守主义者发现国家是自然之物，而且对于人性的实现和文明的发展是必要的。自由意志主义者混淆国家和政府，认为事实上政府只是国家暂时的工具。但是保守主义者认为，政府——如柏克所说——"是人类智慧为求满足人类需要的发明"。

第六，自由意志主义者幻想这个世界是实现自我的一个台阶，这个自我充满了欲望和自我确认的激情。但是保守主义者发现自己身处神秘和奇迹的领地，这里要求责任、纪律和奉献——回报则是传递所有理解的爱。[70]

有鉴于此，柯克认为"除了出于非常暂时的目的"，保守主义者和自由意志主义者的联盟是"不可理喻的"，二者的任何结盟事实上都在"破坏保守主义者在近些年取得的成果"。[71]公允地说，以上批评的对象主要针对安·兰德、罗斯巴德这样的自由意志主义者。哈耶克的政治光谱介于柯克与罗斯巴德之间。一方面，正如我们反复强调的，无论根据哪种定义，他都很难被归为一个保守主义者。另一方面，哈耶克也的确不是自由意志主义者，而是一个古典自由主义者：他高度警惕不受约束的专断权力，同时也批评自由放任的资本主义；他强调私有财产和经济自由的重要性，但并不认为它们具有道德绝对的地位；他无疑是个人自由的坚定捍卫者，可是根据他的自生自发秩序的观念，个体自由不过是漫长的文化、传统演变过程中的历史产物，本身不具备先于社会的超越性地位。

《我为什么不是一个保守主义者？》尽管被收入迈耶主编的《何为保守主义》的文集，但是我们有充足的理由相信，哈耶克既不认同"保守主义"，也不欣赏基于政治目的的融合主义运动。作为一个始终着眼于长远历史而非短线时政、根本原则而非权宜之计的思想家，哈耶克的态度非常鲜明："政治哲学家的任务只能是去影响公众意见，而不是组织人们去行动。他只有不注重现实政治的可能性，而坚持不懈地去维护'总是相同的普遍原则'，才能卓有成效地完成这一任务。"[72]这个批评既适用于柯克这样的传统的保守主义者，也适用于迈耶这样的融合主义者。

诚如曼斯菲尔德所言，违背思想家本人的意愿，假设我们能比他自己找到对他而言更好的称谓是一件不明智的事情。可是因为"自由主义"被进步主义者"盗用"已久,"老辉格党人"早已失去存在的历史语境,有鉴于此,我们不揣冒昧地认为,把哈耶克称为有着保守主义气质的古典自由主义者会是一个不错的选择。

注 释

[1] 本研究得到了中国人民大学科学研究基金暨中央高校基本科研业务费专项资金(批准号:11XNL007),以及中国人民大学科学研究基金"明德青年学者"项目(批准号:13XNJ049)的资助。
[2] NASH G H. Reappraising the Right: The Past & Future of American Conservatism. Wilmington, Del.: ISI Books, 2009: 54.
[3] 相关讨论参见 SCRUTON R. Hayek and Conservatism//FESER E, ed. The Cambridge Companion to Hayek. Cambridge: Cambridge University Press, 2006: 208-231. CLITEUR P B. Why Hayek is a Conservative. Archives for Philosophy of Law and Social Philosophy, 1990, 76(4): 467-478. PIRIE M. Why F. A. Hayek is a Conservative//BUTLER E, PIRIE M, eds. Hayek on the Fabric of Human Society. London: Smith (Adam) Institute, 1987.
[4] GOLDBERG J. Foreword to the New Edition//MEYER F S, ed. What is Conservatism? Wilmington, Del.: ISI books, 2015: xvi-xvii.
[5] 哈耶克. 我为什么不是一个保守主义者?// 哈耶克. 自由宪章. 杨玉生,等译. 北京:中国社会科学出版社,1999:576.
[6] 同 [5]592.
[7] 20 世纪二三十年代,由于进步主义和新政自由主义将"自由主义"一词占为己有,为示区别,主张自由市场资本主义的自由主义者转而用"自由意志主义"自谓。但是哈耶克并不接受这个标签,而是自称"老辉格党人",20 世纪政治思想史上通常称他为"古典自由主义者",后文将对此做进一步的澄清和说明。
[8] See ALLITT P. The Conservatives. New Haven, CT: Yale University Press, 2009: 164.

[9] NASH G H. The Conservative Intellectual Movement in America since 1945. Wilmington, Del.: ISI Books, 2006: 238.
[10] 同 [9]238.
[11] See CHAMBERS W. Big Sister is Watching You. National Review, December 28, 1957: 120-122.
[12] See EDWARDS L. The Conservative Consensus: Frank Meyer, Barry Goldwater, and the Politics of Fusionism. First Principles Series, 2007, No. 8: 1.
[13] KIRK R. The Conservative Mind. Eastford: Martino Fine Books, 2015: 211.
[14] 参见 [9]246.
[15] BIRZER B J. More than "Irritable Mental Gestures": Russell Kirk's Challenge to Liberalism, 1950-1960. Humanitas, 2008, Volume XXI, Nos. 1 and 2: 80.
[16] 同 [15]78-79.
[17] 同 [9]246-247.
[18] 同 [15]80.
[19] ROTHBARD M N. Frank S. Meyer: The Fusionist as Libertarian Manque//CAREY G W, ed. Freedom and Virtue: The Conservative/Libertarian Debate. Wilmington, Del.: ISI Books, 2004: 137.
[20] 同 [9]58.
[21] 参见 [4]x.
[22] 同 [9]xviii.
[23] 亨廷顿. 作为一种意识形态的保守主义. 王敏, 译. 刘训练, 校. 政治思想史, 2010（1）：156-157.
[24] 同 [23]178.
[25] 同 [23]159.
[26] 同 [23]156.
[27] HAYEK F A. The Road to Serfdom. CALDWELL B, ed. Chicago: The University of Chicago Press, 2007: 45-46.
[28] 同 [5]579.
[29] 同 [5]580.
[30] 同 [5]581.
[31] 同 [5]583-584.
[32] 同 [5]583.
[33] 同 [5]582.
[34] 同 [5]582.
[35] 同 [5]584.
[36] 同 [5]585.
[37] 同 [5]592.
[38] 塞西尔. 保守主义. 杜汝楫, 译. 马清槐, 校. 北京：商务印书馆, 1986：3.

[39] 同 [5]576. 奥克肖特在《论做一个保守主义者》中指出，与其说保守主义是一种意识形态，还不如说是"人类活动的某种意向"（a certain disposition of human activity），其特征是"喜爱熟悉的甚于不可知的、喜爱已被试过的甚于尚且未明的、喜爱真实的甚于虚幻的、喜爱实际存在的甚于可能发生的、喜爱有限的甚于无穷的、喜爱亲昵的甚于疏远的、喜爱充足的甚于过当的、喜爱合宜的甚于完美的、喜爱当下的欢愉甚于乌托邦式的狂喜"。转引自曾国祥. 保守主义：一种哲学解释. 台湾《政治与社会哲学评论》，2006（9）：3.
[40] 同 [5]579.
[41] 同 [5]575.
[42] 同 [5]576-577.
[43] 同 [5]577.
[44] 同 [5]593.
[45] 沃勒斯坦. 三种还是一种意识形态？——关于现代性的虚假争论. 杜丹英，王列，译. 马克思主义与现实，1999（1）：48.
[46] 米克尔思韦特，伍尔德里奇. 右派国家：美国为什么独一无二. 王传兴，译. 北京：中信出版社，2014：64.
[47] 同 [46]124.
[48] MANSFIELD H C. The Future of Conservatism: An Argument for a Constitutional Conservatism. Heritage Foundation, April 1, 2009. http://www.heritage.org/political-process/report/the-future-conservatism-argument-constitutional-conservatism.
[49] 同 [5]577.
[50] KIRK R. The Essential Russell Kirk: Selected Essays. Wilmington, Del.: ISI Books, 2006: 32.
[51] 同 [5]578.
[52] SCRUTON R. Hayek and Conservatism//FESER E, ed. The Cambridge Companion to Hayek. Cambridge: Cambridge University Press, 2006: 209.
[53] RAEDER L C. The Liberalism/Conservatism of Edmund Burke and F. A. Hayek: A Critical Comparison. Humanitas, 1997, 10: 70-88.
[54] 同 [23]156.
[55] 同 [5]579.
[56] 同 [5]578.
[57] 同 [5]580.
[58] 同 [5]580.
[59] MANSFIELD H C. Burke's Conservatism//CROWE I, ed. An Imaginative Whig: Reassessing the Life and Thought of Edmund Burke. Columbia, Missouri: University of Missouri Press, 2005: 60.
[60] 同 [53]70-88.
[61] ARNHART L. Friedrich Hayek's Darwinian Conservatism//HUNT L, MCNAMARA

P, eds. Liberalism, Conservatism, and Hayek's Idea of Spontaneous Order. New York: Palgrave Macmillan, 2007: 129.
[62] 同[5]588.
[63] 同[13]6.
[64] 同[13]7.
[65] 同[13]8-9.
[66] 同[15]81.
[67] 同[5]578.
[68] 同[5]587.
[69] 同[2]59.
[70] See KIRK R. A Dispassionate Assessment of Libertarians. CAREY G W, ed. Freedom and Virtue: The Conservative/Libertarian Debate. Wilmington, Del.: ISI Books, 2004: 182-184.
[71] 同[70]181.
[72] 同[5]594.

8. 自由市场是公平的吗？
——约翰·托马西与新古典自由主义 [1]

随着唐纳德·特朗普正式就任美国第 45 任总统，"自由主义者"（liberal）在今天的美国越发显得处境尴尬。事实上早在奥巴马总统任职期间，一些共和党议员以及偏保守的媒体和网站就不断地给他贴上"自由主义者"甚至是"社会主义者"的标签，以期达到"污名化"的效果。这个现象充分说明"自由主义"（liberalism）在美国早已不是天然的褒义词，即便还不至于落到声名狼藉的地步，至少也是毁誉参半的。

杰森·布伦南（Jason Brennan）指出，在流行的美国政治学中，"自由主义者"常常被用来形容中间偏左，但又不像马克思主义者和共产主义者那么激进的人。他们的基本主张包括：政府对于经济事务的高度控制、大范围的福利国家以及对公民权利的强力承诺。[2] 与此相对,"自由意志主义者"(libertarian)[3] 虽然对公民权利的承诺要强于"自由主义者",但他们并不支持大政府或者大规模的福利国家政策,因此不能被称为"自由主义者"。[4]

相比之下,在政治哲学中"自由主义者"的内涵更加具有包容性。按照布伦南的观点,哲学意义上的"自由主义者"指的就是支持自由的人。只要一个人把自由视为指导政治的根本价值,把尊重自由视为对政治行为的首要限制,承诺尊重和促进个人自由,那他就是自由主义者。[5] 就此而言,自由意志主义者和古典自由主义者[6]都属于自由主义者。

虽然在政治哲学中同属自由主义家族,但是这场家族内部之争远没有想象中的那么温和,反倒因为政治光谱上的接近让分歧变得愈发尖锐。约翰·托马西对此做过形象而扼要的概述:"自由主义思想的概念景观(the conceptual landscape)已经冰冻得太久。这一冰冻景观的一边是传统的自由意志主义者和古典自由主义者的阵营……在另一边我们看到的是传统上的高级自由主义(high liberalism)[7]的阵营……财产权还是分配正义,有限政府还是慎议民主,自由市场还是公平,要么这一边,要么那一边,每个人都必须做出选择。"[8]

晚近以来,一批自称"新古典自由主义者"(另一种说法是"软心肠的自由意志主义者")的学者试图打破僵局,通过整合各派的思想资源,超越非此即彼的二元对立模式,为自由主义蹚出一条新路。作为这一立场最重要的代表人物,托马西在2012年出版的《自由市场的公平性》中详尽阐释了新古典自由主义的研究方向与基本框架。具体来说，他一方面认同古典自由主义和自由意志主义主张的"私人经济自由"和"自生自发的秩序"，另一方面又推崇高级自由主义承诺的"社会正义"和"政治证成的慎议进路"，试图把"私人经济自由与社会正义、自发秩序与民主自治、自由市场与公平"这些长期被视为无法结合的观念结合在一起。[9]

事实上，在新古典自由主义之前已经存在各种融合主义的学术努力，比如"自由－意志主义者"（liberaltarian）认为自由意志主义与左翼自由主义拥有共同的道德追求（关注穷人），它们的差别只是一个经验问题，也即到底用哪种制度——（大体上的）自由市场还是（大体上的）大政府——才能最好地尊重或者有助于实现这一共享的道德追求。[10] 左翼自由意志主义者（left-libertarian）虽然接受"自我所有权"的前提，但认为世界一开始不是无主的而是共有的，由此出发反对初始占有的绝对性，要求对自由市场和资本主义所产生的贫富差距有所限制。[11] 对比上述两种方案，托马西认为他主张的"市场民主制"在混合性上有其深刻的内涵："从实质性的道德追求来看，市场民主制算是古典自由主义思想，而在证成性基础方面，则属于高级自由主义。"[12] 换言之，这不是一种简单的概念拼贴或者理论重组，而是方法论意义上的"证成性的混合"（justificatory hybrid）[13]。

托马西将政治争论分为三个层面，分别是政治哲学、政治理论以及公共政策。政治哲学是"关于政治问题的纯粹道德论述的层面，这个层面所关注的只是确认用于评价一个社会基本制度的道德上恰当的标准"。[14] 这部分的工作涉及基本的哲学观念、证成基础以及论证方法。政治理论首先关注的是"在政治哲学层面认定的正义原则和道德上可容许的候选政体"[15]，例如究竟是市场民主制还是财产所有的民主制能够更好地实现罗尔斯的正义二原则。公共政策层面主要探讨"在那些政治理论层面所采纳的政体类型范围内，受政治哲学层面认定的道德原则指导，决定应该追求的特定法律、监管措施以及公共项目"。[16] 虽然托马西的"市场民主制"同时在这三个层面上展开工作，但是作为"理想理论"以及"研究项目"，托马西的工作主要在政治哲学层面，在这个层面上他提出的两个主要命题是：第一，就充分实践和发展"民主社会的公民理想"而言，重视"厚版本的经济自由观"的"市场民主制"比不重视该自由的高级自由主义在道德上要更优越；第二，就实现社会正义这个目标而言，重视"厚版本的经济自由观"的"市场民主制"比不重视该自由的罗尔斯式的解释在道德上要更优越。

本章将针对上述两个命题展开分析。我们的基本论点是，就"厚版本的经济自由观"这个论题而言，因为托马西放弃古典自由主义和自由意志主义的传统论证思路，求助于高级自由主义的理想论证，由此必须接受来自高级自由主义的严格审查。我们认为托马西未能就他的核心命题——"公民想要行使与发展他们作为负责任的自我书写者的道德能力，就需要厚版本的经济自由观"[17]——提出令人信服的论证。就社会正义这个论题而言，托马西的"市场民主制"能否比罗尔斯的制度构想更好地实现社会正义首先是一个悬而未决的经验问题,其次在理论上也存在诸多难以解决的困难。

在下文中,我们将分别梳理自由主义家族内部关于财产权和经济自由权的论证思路,以及相对应的社会正义观,标识出新古典自由主义在这两个议题上所占据的独特位置。然后将借助萨缪尔·弗里曼、理查德·潘尼(Richard Penny)等人的观点,对托马西厚版本的经济自由观展开批判性分析。最后,我们会着重分析托马西的"更多财富论题",指出"市场民主制"并不像他所主张的那样能够更好地实现罗尔斯的差别原则。

一、经济自由权的厚与薄

举凡自由主义者必然承认自由是根本的政治价值,并且认为在诸种自由之中,"有一些自由比另一些自由更重要,这些基本自由权应该受到更高程度的政治保护"[18]。但是对于哪些自由权是基本的、其背后的哲学理由和根据到底是什么,自由主义者却存在着极深的分歧。

在探讨这个问题之前,先让我们对"基本自由权"这个术语做简单的概念分析。根据萨缪尔·弗里曼的观点,所谓有些自由权是"基本的"意即它们是"根本的"和"不可让渡的"。

"根本的"意思是,公民的基本自由权不会为了实现基本自由权以外的政治价值而被牺牲,例如,为了满足民主的多数偏好、促进经济效益或者实现文化上卓越目标的至善主义价值。需要特别指出的是，"根本的"不等于"绝对的"，弗里曼指出："绝对自由是不可能的……每个人的自由可能相互冲突。当冲突存在时，必须限制一个人的自由以便保存另一个人的自由。"[19]换言之，虽然相比其他政治价值而言基本自由权更为根本，但是当基本自由权的使用侵犯或者伤害到其他基本自由权的时候，仍然会受到约束和调整。

"不可让渡的"意思是人们不能通过契约来转让或者自愿放弃基本自由权。举例而言，人们不能通过契约放弃投票权，因为投票权属于基本自由权；同理，自愿为奴也是被禁止的，因为人格的独立和统一性也是基本自由权。对于基本自由权的不可让渡性存在很多论证方式，其中自由主义者最看重的是康德式的论证，它的基本思路是这样的：我们的人性体现在我们自由和理性的能力上，唯当拥有这些能力人才拥有尊严，不可让渡性的限制之所以是必需的，正是因为它确保了人作为有尊严的存在者的地位。[20]

作为坚定的罗尔斯主义者，弗里曼的分析不可避免地带有高级自由主义的特色。事实上，他对"根本的"与"绝对的"的区分以及对不可让渡性的强调，并非无的放矢，其批评的矛头直指自由意志主义。[21]具体说来，虽然自由意志主义与古典自由主义都主张"厚版本的经济自由观"，例如生活资料和生产资料的私人所有权、贸易自由、自由转让和出售劳动力的权利、立约自由，以及决定如何使用（储蓄）个人所得的权利等，但是对古典自由主义者来说，厚版本的经济自由并不比良心自由、言论自由、结社自由这些公民自由权具有更重要的道德地位，它们都属于基本自由权的范畴。与之相比，自由意志主义者把财产权和经济自由权的重要性推到极致，认为所有自由权归根结底都是财产权。例如罗斯巴德在《权力与市场》(*Power and Market*)一书中明确指出："不仅财产权也是人权，而且在最深刻的意义上，除了财产权之外就没有别的权利了。简单地说，唯一的人权就是财产权。"[22] 在这个意义上，自由意志主义者不会接受弗里曼对于基本自由权的概念分析，因为在他们看来，财产权不仅是"根本的"而且是"绝对的"，是所谓的"道德绝对之物"。[23] 此外，立约自由在自由意志主义者那里也受到了最为严格的保护，某些极端的自由意志主义者甚至认为基于自愿原则人们可以自由地转让包括私人财产、投票权和人格独立在内的所有权利。

由于强调财产权的神圣不可侵犯性，自由意志主义者反对政府通过税收等手段进行社会再分配，认为这是对他人财产权的侵犯，在道德上等同于赤裸裸的盗窃和抢劫。自由意志主义在理论上的激进姿态虽然吸引了一定数量的忠实拥趸，但是基本停留在观念层面，从未在现实的政治进程中实现过。在这个意义上，自由意志主义对于古典自由主义尤其是高级自由主义的挑战更多是理论的而非现实的。

与自由意志主义者的"铁石心肠"不同，古典自由主义者主张为了公费教育而征税，为失业者建立社会保障体系，利用公共

8. 自由市场是公平的吗？

资源解决孤儿问题，开展一系列社会服务项目，甚至接受用（相对温和的）累进税来支持这些项目的理念。从表面上看，古典自由主义者支持（一定程度的）再分配理念的理由是同情心或者维持社会稳定这样的现实考量，但是必须承认，正因为他们没有把财产权和经济自由权推到"道德绝对之物"的极端位置，才为他们在这些议题上的温和态度留出了理论空间。

正如托马西所指出的，虽然高级自由主义的理论形态各异，但它们分享了两个共同特点：第一，拒斥古典自由主义的形式平等理想，坚持包含实质性分配成分在内的某种正义理论；第二，由于认定"财产权不是平等的保障，而是阻止实现平等的障碍"[24]，所以他们全都将"资本主义的私人经济自由权降到了明显的次要地位"[25]。具体说来，高级自由主义只保留"职业自由"和"私有财产权"作为基本自由权，将古典自由主义珍视的"生产资料的所有权"和"立约自由"剥离出基本自由权的保护清单，也正是在这个意义上，高级自由主义被认为主张"薄版本的经济自由观"。

吉拉德·高斯（Gerald Gaus）说："过去的半个世纪里，政治哲学内部关于私有财产权和所有权的思考呈现出类似精神分裂症的属性。"[26]之所以会出现精神分裂症的症状，归根结底在于证成基础以及哲学观念存在着无法调和的分歧。

一般而言，自由意志主义者多从不言自明的前提——或者是"自然权利"，或者是洛克式的"自我所有权"——出发，以演绎论证的方法证成财产权的神圣不可侵犯性，其理论带有鲜明的形而上学色彩，在道德理论的分类中属于道义论的传统。

古典自由主义者的思想资源相对复杂，他们在形而上学层面上接受某种版本的先天和谐论（亚当·斯密的"看不见的手"以及哈耶克的"自生秩序"），认识论上强调人类理性的有限性以及人类知识的分离性，反对理性建构主义，主张用自由市场和价格机制来分配有限的生产资料和物质资源。在道德理论的分类中多数古典自由主义者属于后果论者，相信自由市场会比计划经济带来更高的经济增长和更富足的社会，并最终会以间接的方式惠及穷人。[27]

相比之下，高级自由主义者的论证思路最为独特。在他们看来，自由意志主义者的形而上学负担太重，无法适应高度世俗化的现代政治环境的要求，古典自由主义者偏爱的效益主义进路不能公正地对待个体的独立性，在促进整体幸福的思路中，必然会以牺牲少数人的幸福为代价，最终无法使每个人都成为值得尊重的独立道德主体。职是之故，以罗尔斯为代表的高级自由主义者放弃道义论和后果论的思路，转而求助于"理想理论"来证成基本自由权。

所谓理想理论，关注的是在下述四个条件下哪种制度将会最好地实现正义。

（1）人们具有人类可能拥有的强烈的正义感。

（2）每个人都胜任扮演他或者她的角色。

（3）社会基本制度实现了它们主张的公共目的。

（4）存在着有利的背景条件，比如，不会因为过度匮乏而导致社会崩溃。[28]

基于上述考虑，罗尔斯认为正义的社会应该是能够充分实践和发展民主社会中公民的两种道德能力的社会，而所谓基本自由权的论证则是基于如下这个看似简单的设想："对于自由和平等的人之两种道德能力的充分发展和全面实践，什么样的自由权能够为之提供必不可少的政治条件和社会条件。"[29]

面对自由主义家族内部的深刻分歧，新古典自由主义试图通过追问如下几个问题来开启"破冰"之旅：厚版本的经济自由观必定只能建立在效率、幸福和自我所有权上吗？通过限制人们的私人经济自由真的把人作为自由和平等的自治行动者加以充分尊重了吗？关于经济自由的内在价值的辩护与以正义为基础的发展穷人利益的承诺相互兼容吗？厚版本的经济自由观是社会正义所要求的吗？

具体到基本自由权的问题上，新古典自由主义认同自由意志主义和古典自由主义对于财产权的重视，主张厚版本的经济自由观，但是其辩护逻辑和论证思路却不是"自然权利""自我所有权"或者整体效益最大化的后果论，而是采取了高级自由主义的理想论证，认为厚版本的经济自由之所以要被归入基本自由权的保护范围，恰恰因为它们是充分实践和发展"自我书写者"能力的条件。为什么同一种论证策略竟会得出截然不同的两种论证结果？新古典自由主义者与高级自由主义者到底谁错了？关于这个问题我们将在下文展开深入的探讨。

二、社会正义的是和非

如托马西所说:"反对社会正义是古典自由主义和自由意志主义传统不变的前提。从休谟到哈耶克再到诺齐克等,这种反对一以贯之。"[30] 以古典自由主义的旗手哈耶克为例,终其一生,他坚持不懈地从"语义学""知识论"以及"后果论"等角度全方位地质疑和反对社会正义理想。但是令人惊讶的是,当哈耶克探讨最可欲的社会秩序的形态时,他的思路却与高级自由主义者的社会正义理想有着高度的一致性:

> 我们应当把这样一种社会秩序视作最可欲的社会秩序,亦即在我们知道我们于其间的初始地位将完全取决于偶然机遇(比如我们出生在某个特定家庭这类事实)的情形下我们便会选择的那种社会。由于这种机遇对任何一个成年人所具有的吸引力都可能是以他已然拥有的特殊技艺、能力和品味为基础的,所以更为确切地说,最好的社会乃是这样一种社会,亦即在我们知道我们的孩子于其间的地位将取决于偶然机遇的情形下我们仍倾向于把他们置于其间的那种社会。[31]

哈耶克在此展示的推理逻辑与罗尔斯的无知之幕和原初状态非常类似,正如我在本书第三章里所指出的那样,当哈耶克构想"最可欲的社会秩序"时,他主要考虑了两个要素。从肯定性的角度看,他希望每个人的"初始地位是纯粹经由选择而决定的",从否定性的角度看,他不希望固有的社会等级差别、肤色等外在偶然因素干涉孩子的成长过程。[32]这里的关键概念一为"选择",一为"外在偶然因素",这个思路与罗尔斯和德沃金所代表的高级自由主义异常接近,正如金里卡指出的:"罗尔斯的核心直觉涉及选择与环境之间的区别。"[33]更具体地说,也就是主张个人潜能的实现必须要"敏于志向、钝于禀赋"。

托马西对哈耶克的这个表述同样印象深刻,他在书中详细分析了这个段落,指出哈耶克虽然不喜欢"社会正义"这个术语,但是他与罗尔斯是能够在一些实质性的问题上达成一致意见的,尤其是当我们不把社会正义视为一种分配资源的原则,而是视之为对一个制度所做的整体性评价标准时,"对作为自发秩序的自由社会理想的追求与对某种外部的总体评价标准的支持可以相互兼容"。[34]

我们可以用表格展示新古典自由主义在自由主义家族之争中所处的独特位置(见表8-1)[35]:

表8-1 新古典自由主义在自由主义家族之争中所处的独特位置

		是否肯定社会正义作为基本结构的评价标准	
		是	否
对经济自由权的理解	厚	新古典自由主义	传统意义的古典自由主义 标准的自由意志主义 左翼自由意志主义
	薄	高级自由主义	公民自由主义

三、厚版本的经济自由为什么不是基本自由权？

"市场民主制"的核心道德主张是"厚版本的经济自由属于自由主义公民所拥有的基本自由权"[36]。这一主张若想成立，就必须证明厚版本的经济自由观是充分实践和发展负责任的自我书写者能力的必要条件。对此，弗里曼在一篇批评文章中指出：仅仅因为特定权利和自由权是许多人追求他们各自职业选择和生活计划的根本条件（essential conditions），并不构成使其成为基本权利和自由权的理由。在罗尔斯的意义上，某种权利和自由权之所以是基本的，是因为它们至少是实践和发展所有公民的道德能力的必要条件。[37]

此处的关键词是"所有公民"和"必要条件"。之所以重点强调这两个词，要追溯到"基本善"在罗尔斯理论中发挥的关键作用。按照罗尔斯的观点，正义的社会制度为了使公民充分实践和发展两种道德能力（正义感和善观念的能力），就必须为公民提供"基本善"。基本善的内容包括下述这些社会价值：自由权和机会，收入和财富，以及自尊的社会基础。[38]正义二原则分配的对象正是这五种基本善，其中正义第一原则确保所有公民都能平等地享有基本自由权，正义第二原则分配的是机会、收入和财富以及自尊的社会基础。之所以将上面五种社会价值列入基本善，是因为它们是"作为自由和平等的人度过完整的一生所需要的东西"，"它们对于充分发展和完全实践两种道德能力，对于追求他们各自特定的善观念来说，是一般而言必需的各种各样的社会条件和实现所有目的的手段"。[39]

罗尔斯把"私有财产"和择业自由列入基本自由权的清单，理由在于，这是所有公民维持其自尊和人格独立性的必要条件。任何一个公民，哪怕他对从事经济活动毫无能力或者毫无兴趣，比如四海为家的流浪者或者四大皆空的僧侣，为了实现其人生理想，都会要求保证其私有财产拥有"根本的"和"不可让渡的"权利属性；同理，任何一个公民，若想过上自由并且负责任的一生，就一定要拥有选择、尝试和修正职业规划的择业自由。

问题在于，"生产资料的所有权"和"立约自由"是否也满足这样的条件？托马西在书中曾经举过一个例子，对于大学辍学生艾米来说，她人生计划的重心就是努力存钱，建立良好的信用等级，借此获得银行贷款，并最终开办属于自己的宠物医院，非如此无法充分实践和发展她作为自我书写者的能力。托马西似乎认为艾米的例子足以说明厚版本的经济自由应当归属于基本自由权的清单之中。可是首先，艾米只是个案，不足以代表"所有"公民；其次，艾米的例子也不足以说明生产资料的所有权是公民实践道德能力的"必要"条件。比方说，高级自由主义者完全可以设想，对于艾米的孪生姐妹艾丽丝来说，她的人生理想就是在一个非政府组织里做一个帮助有需要的人的志愿者，对于艾丽丝的生活计划而言拥有生产资料并不是必要条件。

我在第四章中指出，托马西认为："随着社会的富裕，实践厚版本的私有经济自由对多数公民来说是负责任的自我书写者的本质条件。"[40]"对许多人来说，独立的经济活动是好生活的本质性的和持续存在的部分。"[41]但是根据托马西认同的高级自由主义的证成标准，这两个判断并不足以支持厚版本的经济自由，因为它们的限定语分别是"对多数公民来说"以及"对许多人来说"，这表明托马西清楚地意识到厚版本的私有经济自由并不是"所有人"充分实践和发展负责任的自我书写者的必要条件。正如弗里曼所言，如果托马西的主张是，为了发展道德能力以及成为独立的人，每个人都必须在某种程度上真实地实践经济自由权并且拥有和控制生产性资本，这恰恰证成了"财产所有的民主制"的基本观点，即把生产性财富和经济权力广泛地分散给所有公民。[42]然而问题在于，财产所有的民主制并不支持厚版本的经济自由观。由此可见，无论厚版本的经济自由观是不是"所有人"实践其两种道德能力（或者自我书写者能力）的"必要条件"，都无法推论出厚版本的经济自由应该归属于基本自由权的结论。

为什么会出现如此吊诡的结论？我认为主要有两个原因：

第一，相比其他自由权（如言论自由、宗教信仰自由），财产权和经济自由权有着更强的"外部性效应"，这意味着当我们在思考财产权问题的时候，不仅要着眼于主客问题："什么原则决定个体拥有对什么事物的所有权？"还应该考察主体间性的问题："私人所有权的社会和公共功能是什么？"[43]通常来说，古典自由主义者和自由意志主义者更为关注主客问题，即"行动者与外物的关系"，较不重视主体间性，即"不同的财产所有者之间的关系"。这导致他们更关注初始产权的获取正义，以及基

8. 自由市场是公平的吗？

于自愿原则的转让正义,较少考虑贫富差距对于个体生活期许（expectation）的伤害以及财富长期累积导致的代际不平等。新古典自由主义者虽然认识到主体间性的重要性,比如布伦南和托马西曾经指出"所有权更多的是关乎作为道德行动者的人与人之间的关系而更少地关乎人与对象的关系"[44],但是在进一步的推论过程中,他们却只强调了财产权的正外部性效应,对于财产权的负外部性效应几无论述,这给高级自由主义者留下了批评的空间。

第二,借用杰里米·沃尔德伦的观点,存在着两种"以权利为基础的"私有产权论证进路：作为"特殊权利"的财产权和作为"普遍权利"的财产权。洛克与黑格尔分别是这两条进路的代表人物。黑格尔主张："每个人都拥有的根本人类利益在于：拥有财产对于个体的伦理发展至关重要。"[45]而根据洛克的进路,"要求得到尊重的利益是根据人们碰巧做过的事情或者在他们身上发生过的事情所做的解释。一个人把他的劳动混合到一块土地上,或者从别人那里合法地继承了一块土地,这种所有权的利益是政府必须尊重的。但是如果一个人没有做任何事情,只是简单地想要拥有某物,则没有这类受保护的利益。"[46]按照这个分类标准,古典自由主义者和自由意志主义者无疑属于"特殊权利"的进路,主张所有公民与生俱来拥有绝对的然而是形式意义上的财产权,任何公民若想拥有针对特定财产权的实质权利,比如艾米对于宠物医院的所有权,就必须经过"具体事件和交易互动行为"才可以获得。而高级自由主义者则属于"普遍权利"的进路，认为财产所有权对于个体的伦理发展是必要条件，主张"权利所有者"的身份与偶然事件以及人际互动行为无关。对比洛克－诺齐克的特殊权利进路和黑格尔－罗尔斯的普遍权利进路，沃尔德伦认为后者的困难要少一些。他的理由是："尽管私有财产和人的伦理发展之间的关系是含混不清的，而且在任何情况下，都无法建立其绝对必然的联系。但是黑格尔主义者探讨了私有财产与诸如个体的自我确认、相互承认、意志的稳定性、审慎和责任的恰当感觉的建立等事物之间的关系。虽然上述论证是暂时性的，并且存在困难，但它们的确在尊重财产和尊重个人之间建立起了联系，这个联系是绝大多数诺齐克式的自由意志主义者的论著永远都不能在理论层面上建立的联系。"[47]沃尔德伦指出，黑格尔进路隐含的分配观念是"每个人都必须要拥有财产"，因为"我们不能一方面论证拥有财产是伦理发展的必要条件，另一方面又对无产者的道德和物质困境毫不关心。正如支持言论自由的权利论证建立了确保让每个人都能自由言论的责任，支持私有财产的基于普遍权利的论证也建立了确保让每个人成为财产所有者的责任。这事实上是一种反对不平等的论证，并且支持所谓的'财产所有的民主制'。"[48]

　　托马西的困难在于，一旦承认财产权对于个体伦理发展的重要意义，尤其是财产权存在着负外部性效应，就意味着他不得不强调人们真实拥有财产的重要意义，而不是仅仅停留在获取财产的纯粹机会之上，不得不限制财产所有者如其所愿地处理和交换其持有物的权利。高级自由主义的证成策略必然要求新古典自由主义者偏离古典自由主义的轨道，在高级自由主义的地基之上无法建立古典自由主义的大厦。

四、市场是公平的吗？

托马西的 Free Market Fairness 中文译成《市场是公平的》，中文版封面赫然写着一句引语："哈耶克与罗尔斯在这里达成了共识。"这个论断当然与事实不符，因为罗尔斯并不认为单凭市场的力量就能实现公平；但是这个引语又并非完全没有根据，这不仅因为哈耶克的确明明确确指出他跟罗尔斯之间只有字词之争而无实质之争，更重要的是，对托马西来说，他的工作宗旨正是要调和哈耶克与罗尔斯，在二者之间开启一场破冰之旅。

托马西试图在理论上澄清如下几点：首先，从历史上看，伟大的古典自由主义者，如洛克、斯密都关心穷人的利益，他们希望自由市场和资本主义不是强者对弱者的胜利，而是社会中所有人的胜利；其次，从后果来说，自由市场和资本主义惠及最少受益者的事实不是一个可喜的偶然事件，而是必然如此的事实；最后，从道德评价上看，社会正义是评价一个政治制度的终极标准，市场民主制比罗尔斯的财产所有的民主制更能满足罗尔斯主义者"作为公平的正义"的要求。

显然，这样的论述策略必然会遭到自由主义家族左右两翼的反对。譬如，高级自由主义者会质疑"市场民主制肯定厚版本的经济自由观，因而就不存在追求社会正义的可能性。毕竟，尊重公民的私人经济权利将会严重削弱国家推行管制和再分配项目的权力，而这些长久以来就与左派自由主义相联系。"[49]另外，自由意志主义者和传统的古典自由主义者也会反对市场民主制，因为对社会正义的追求不仅会导致"一些人的禀赋与能力被不公正地用于让其他人受益"，而且也"无法兼容于将社会视为自由公民的自发秩序的理想"。[50]为了回应上述批评，托马西必须左右开弓，既要说服古典自由主义者接受"社会正义"的理想，也要说服高级自由主义者相信市场民主制能够更好地实现"作为公平的正义"，因此也是更有道德吸引力的选项。

我认为，托马西的"说服"工作并不成功。从高级自由主义者的角度出发，托马西至少面临着来自三个方面的批评：第一，市场民主制的本质是在水泥地上种鲜花，无论在逻辑上还是制度安排上都存在着难以克服的矛盾；第二，市场民主制不能很好地实现罗尔斯的差别原则；第三，托马西对于"自我书写者"的理解过于片面地强调经济活动的重要性，忽视了美好人生的立体性和丰富性。

我们先来探讨第一个批评意见。托马西认为存在两种可能实现"作为公平的正义"的"市场民主制"政体类型：民主的自由放任体制（democratic laissez-faire）与民主的有限政府制（democratic limited government），前者是最为彻底的资本主义市场民主制体制，在制度上非常接近于罗斯巴德等自由意志主义者拥护的政治结构，后者虽然仍是积极的资本主义模式，但允许政府对经济事务进行更多直接干预，在制度上类似于哈耶克和弗里德曼等古典自由主义者提倡的政策。[51]在不改变自由市场和资本主义基本运行方式的前提下，古典自由主义的制度土壤为何会开出高级自由主义的道德果实，这是一个问题。高级自由主义者有充分的理由怀疑，在逻辑上，市场民主制既追求社会正义的分配理想又肯定厚版本的经济自由观的做法是不自洽的；在制度和政策层面上，一旦市场民主制的政体将厚版本的经济自由观写入宪法加以保护，就会阻碍政府实施可以保证达成正义的各种政府项目，最终无法真正惠及穷人。托马西在书中预见到了上述批评，对此他的自辩词是这样的："我对市场民主制政体的辩护是在我称之为政治哲学的认定层面上进行的。"[52]政治哲学关涉的不是"在实际中达成正义的可能性有多大这种实际问题"，而是"期望的（aspirational）标准"，比方说，如果要在市场民主制政体与社会民主制政体之间做出选择，那么标准就不是谁更具实际的可操作性，而是"社会民主制的公平观与市场民主制的公平观，哪一个给了我们更催人奋进的理想"。[53]以上辩护无法令人信服，因为政治哲学的功能不是比拼道德理想的鼓舞人心，而是探索具有实践性的政治可能性的界限（the limits of practicable political possibility），也即构想一种"现实主义的乌托邦"，它一方面要与现实拉开距离，非如此就不是"乌托邦"，另一方面又要不违反逻辑的自洽性以及具备现实的可操作性，非如此就不是"现实主义的"。市场民主制所构想的两种民主制度形式既不是乌托邦——它们的成熟形态早已经在历史中出现过并且被证明无法实现社会正义的目标，也不是现实主义——将厚版本的经济自由观和社会正义相结合在逻辑上不自洽，在现实中不可能。

那么，市场民主制能否更好地实现罗尔斯的差别原则呢？在探讨这个问题之前，需要首先明确的是，对罗尔斯来说差别原则分配的基本善不仅包括收入和财富，还包括权力和负有责任的位置，以及自尊的社会基础。正因如此，当高级自由主义者考察哪种制度安排最有利于最少受益者的时候，就不只是在参考收入和财富这个标准，同时也会给予工作场所的民主控制体验以特别的权重。古典自由主义者认为资本主义经济会创造出比罗尔斯所拥护的制度更多的财富，这种财富的增长最终会在物质上让穷人受益，托马西将这种进路称为"更多财富论题"。托马西的市场民主制支持高级自由主义者对于差别原则的解释，认为劳动者应该享有"做出经济决策所需要的权力，其中包括控制这些资源的权力"，这一进路被托马西称作"更多工作场所权力论题"。托马西观点的复杂之处在于：首先，他认为"更多财富论题"其实可以间接地实现"更多工作场所权力论题"，理由是社会财富本身的增加会提升工作者的权力，而且相对于贫穷的社会，劳动者在富裕社会中拥有更多的谈判能力，能够有更多的富于吸引力的工作机会，因此托马西认为这两个论题之间的区别不是绝对的。其次，高级自由主义者不会满足于"更多工作场所权力论题"，而是更进一步提出"工人必须拥有做出经济决策的民主权力，包括控制生产资料的民主权力"，为了实现这个目标，哪怕为此降低经济增长速度和财富累积总量也在所不惜，托马西将之称为"民主化工作场所论题"。[54]

根据托马西的观点，如果把"更多工作场所权力论题"设为市场民主制和高级自由主义暂时的共识之点，那么二者之间真正的争议出现在市场民主制认为"更多财富论题"可以导致"更多工作场所权力论题"，因此最终主张"更多财富论题"；而高级自由主义者认为"民主化工作场所论题"最彻底地实现了"更多工作场所权力论题"，并因此最终主张"民主化工作场所论题"。也就是说，在差别原则的解释上，高级自由主义倾向于"寻求最大化工作场所中民主平等的体验"，而市场民主制则"力图最大化穷人的个人财富"。[55]托马西对高级自由主义者关于差别原则所做的解释表示怀疑，他的理由是："在面对人生的各种挑战和机遇时，个人的富裕体验给予每个人一定的力量和独立性。如果人们有机会以自己的收入降低为代价换取提高加入工作场所的委员会会议的概率的话，市场民主制怀疑有多少普通公民会（或者应该）接受这种方案。"[56]

如何评价托马西关于差别原则所做的以上解释？我认为这取决于四点。第一，在现实的社会中，"更多财富论题"是否真如托马西所设想的那样促进了"更多工作场所权力论题"？第二，"民主化工作场所论题"是以罗尔斯为代表的高级自由主义者必然支持的立场吗？第三，我们如何理解"基本善"中最为关键的条目——"自尊的社会基础"？第四，我们如何理解民主社会中自由平等的公民理想？第一个问题需要通过经济学、社会学的实证研究才有可能判定是非。对于第二个问题，我们可以借用罗尔斯常用的句式追问：参与工厂决策和民主管理能够赋予工人"人格独立和自尊感"吗？它们是充分实践和完全发展自由平等的道德人所拥有的"两种道德能力"的必要条件吗？我们认为罗尔斯对于这两个命题的"必然性"都会保持怀疑，这意味着罗尔斯虽然肯定工厂民主的重要性，但不会把它视作逻辑的必然要求，因此也就不会教条地支持"民主化工作场所论题"。

不过对于我们而言，更重要的是后两个问题。理查德·潘尼在一篇批评文章中指出，"不同于托马西，罗尔斯不打算把自尊作为必须要最大化的对象，而是仅仅作为在可接受的层面要予以确保的对象。罗尔斯对自尊的解释，强调的是它对于确保每个公民感受到恰当的动力去参与他人的合作以及带着自信和鲜活的价值感追求自我选择的生活计划的重要性"。[57] 根据这个解读，最大化穷人的财富就不一定是提升穷人自尊感的最佳途径，厚版本的经济自由观也不是发展自尊所必需的条件，因为公民的自尊感绝不只是源自收入和财富，还包括政治自由的公平价值、公平的机会平等以及互爱精神，所有这些都无法仅仅从纯粹的市场活动或者经济行为中获得。

托马西的"自我书写者"看似仿照罗尔斯的"两种道德能力"，意在刻画民主社会的公民理想，但是细查托马西的思路却可以发现它烙有太深的自由意志主义"经济人"的痕迹。正如他所言，自由意志主义者最好的一面在于"从一个颇具吸引力的政治主体性理想出发为财产权辩护"——"人们出于自己的行为和选择而占有财物这件事，比占有财物本身要来得重要。当我们自由的时候，我们就会意识到自己是我们生活的主要驱动者。"[58]

相比之下，罗尔斯的"两种道德能力"所涵盖的领域则远不限于经济领域。高级自由主义者认识到，人的自尊不仅源自收入和财富的绝对值的增加，也源自收入和财富的人际间比较。哪怕从纵向时间的尺度看每个人的收入和财富都增加了，但如果横向比较收入和财富的增加幅度差距太大，就会出现相对剥夺感的问题。更重要的是，在一个没有民主参与、缺乏经济决策权的工作场所中，员工也很可能不会感受到自我的独立性和尊严，这是罗尔斯强调工作场所的民主管理的重要性的原因所在。但是我们需要再一次强调说明，这不意味着他必然会从"更多工作场所权力论题"滑向"民主化工作场所论题"。

五、小结

虽然前文一直在批评托马西提出的厚版本的经济自由观以及市场民主制，但这并不代表我们无条件地支持薄版本的经济自由观或者高级自由主义的所有论点。事实上，我非常认同托马西对于高级自由主义的这个批评："如果想要充分地尊重我们共同的人性，也许每一种差异对于高级自由主义者都是不可忍受的。社会正义的要求是无法被满足的。也许国家的功能就是确保所有公民享有绝对同等的益品和机会。也许公平的平等要求绝对的物质平等——就像格拉居·巴贝夫（Gracchus Babeuf）宣称的那样。也许它要求的更多。"[59]

托马西的这个表述再一次原音重现了哈耶克在《通往奴役

之路》中对于福利国家的警告,但是托马西与哈耶克的区别在于,他虽然反对福利国家,却接受罗尔斯"作为公平的正义"的道德吸引力,希望在哈耶克与罗尔斯之间谋求共识。托马西的这一"破冰"努力值得肯定,自由主义家族内部若想实现某种意义的和解,就只能在哈耶克与罗尔斯之间寻找平衡点,比哈耶克更右的自由意志主义和比罗尔斯更左的运气均等主义本质上都属于"非现实的乌托邦"。我们对托马西的批评主要集中在方法论上,托马西企图用高级自由主义的"理想理论"和"社会正义理想"来为古典自由主义的制度背书,看似深入虎穴、棋高一着,实则是画地为牢,不仅在论证思路上受到限制,而且在实质内容上也缺乏理论的想象力。这只是一场臆想中的破冰之旅,现实的自由主义世界仍旧是千里冰封万里雪飘。

注释

[1] 本研究得到了中国人民大学科学研究基金暨中央高校基本科研业务费专项资金(批准号:11XNL007),以及中国人民大学科学研究基金"明德青年学者"项目(批准号:13XNJ049)的资助。
[2] See BRENNAN J. Libertarianism. Oxford: Oxford University Press, 2012: 16.
[3] 通常认为,自由意志主义兴起于20世纪六七十年代,是历史更为悠久的古典自由主义的激进分支,其代表人物包括罗伯特·诺齐克、简·纳佛森、安·兰德、莫瑞·罗斯巴德、约翰·霍斯珀斯(John Hospers)、埃里克·马克(Eric Mac)等人。这些作者的观点虽略有差异,但其基本主张均认同小政府或者守夜人的国

家（政府只需要提供司法体系、军事保护以及警察治安即可），强烈反对国家与政府对自由市场的干预，强调私有产权的绝对神圣性。

[4] 参见[2]12.
[5] 参见[2]12.
[6] 从历史上看，今天的古典自由主义者最初自称自由主义者，直到19世纪晚期美国的社会民主派将"自由主义"一词据为己有，为划清界限，他们才将"自由主义"这个称号拱手让出。一般认为古典自由主义的主要代表人物包括约翰·洛克、大卫·休谟、亚当·斯密等古典经济学家（大多数人是效益主义者），以及当代的理论家如大卫·高蒂尔（David Gauthier）、詹姆斯·布坎南（James Buchanan）、弗里德里希·哈耶克、戈登·塔洛克（Gordon Tullock）和米尔顿·弗里德曼等人。在政治理论和政策层面上，古典自由主义者大多支持开放和宽容的社会，支持强有力的公民权利、强有力的经济和财产权利以及开放的市场经济，反对战争，反对帝国主义和征服，反对政府对经济的控制和管理，反对企业福利（corporate welfare）和裙带资本主义。
[7] "高级自由主义"是萨缪尔·弗里曼首创的概念，其传统可以追溯到伊曼纽尔·康德、约翰·斯图亚特·密尔、里奥纳德·特里劳尼·霍布豪斯（Leonard Trelawney Hobhouse），当代的代表人物包括约翰·罗尔斯、罗纳德·德沃金、理查德·阿尼森（Richard Arneson）、阿马蒂亚·森、玛莎·努斯鲍姆等人。在美国的政治哲学传统中，高级自由主义、平等自由主义与左翼自由主义可以互换使用，但是正像弗里曼所强调的，福利自由主义（welfare liberalism）与高级自由主义之间无法简单地画等号，因为高级自由主义的主要代表人物约翰·罗尔斯明确反对"福利国家的资本主义"。这个现象告诉我们高级自由主义者在具体的政治经济制度上也存在着不小的分歧。另外，弗里曼指出，有人也许会反对"高级自由主义"的提法，认为它带有明显的倾向性，但是他认为这个术语并不意味着相对于古典自由主义的道德优越性。参见FREEMAN S. Illiberal Libertarians: Why Libertarianism Is Not a Liberal View. Philosophy & Public Affairs, 2001, 30(2): 105-106. 为行文简便，我们将在后文中统一用"自由主义"来指称广义的自由主义，用"高级自由主义"来指称当代美国政治语境下的"自由主义"。
[8] TOMASI J. Free Market Fairness. Princeton, NJ: Princeton University Press, 2012: 267. 译文参考托马西. 市场是公平的. 孙逸凡，译. 上海：上海社会科学院出版社，2016.
[9] 同[8]268.
[10] 布林克·林赛（Brink Lindsay）最初发明了"自由-意志主义"这个术语。参见[8] xix.
[11] See VALLENTYNE P, STEINER H, eds. Left-Libertarianism and Its Critics: The Contemporary Debate. New York: Palgrave Macmillan, 2000.
[12] 同[8]100.
[13] 同[8]97.
[14] 同[8]119.

[15] 同 [8]120.
[16] 同 [8]120-121.
[17] 同 [8]91.
[18] BRENAN, TOMASI. Classical Liberalism//ESTLUND D, ed. The Oxford Handbook of Political Philosophy. Oxford: Oxford University Press, 2012: 116.
[19] FREEMAN S. Illiberal Libertarians: Why Libertarianism Is Not a Liberal View. Philosophy & Public Affairs, 2001, 30(2): 109.
[20] 参见 [19]110.
[21] 弗里曼认为自由意志主义和自由主义的相似是表面的，究其根本，自由意志主义者反对根本的自由主义制度。它支持自由主义在历史上所反对的观点：构成封建主义基础的私人政治权力的理论（the doctrine of private political power that underlies feudalism）与封建主义一样，自由意志主义认为合理的政治权力奠立在私人契约的网络之上。它反对自由主义的一个根本观念，即政治权力是一种公正无私地用来为共同善服务的公共权力。限于篇幅，本章无法对弗里曼的这个激进主张做进一步的分析。
[22] ROTHBARD M N. Power and Market: 4th ed. Auburn, AL: Ludwig von Mises Institute, 2006: 291.
[23] 同 [8]xvi.
[24] 同 [8]35.
[25] 同 [8]42.
[26] GAUS G. Property//ESTLUND D, ed. The Oxford Handbook of Political Philosophy. Oxford: Oxford University Press, 2012: 93.
[27] 弗里曼认为，尽管有些古典自由主义者是从自然权利出发论证财产权和经济自由的重要性，但多数古典自由主义者更看重的是私有经济自由的工具性价值——通过创造财富实现整体的幸福；高级自由主义者赋予资本主义的经济自由以更低的地位，这是因为他们首先并且更加关注、尊重公民是自由和平等的自治行动者。弗里曼追随罗尔斯的做法把古典自由主义称作"幸福的自由主义"，把高级自由主义称作"自由的自由主义"。参见 FREEMAN S. Rawls. London: Routledge, 2007: 45.
[28] 参见 [18]127.
[29] RAWLS J. Justice as Fairness. Cambridge, MA: Harvard University Press, 2001: 45.
[30] 同 [8]124.
[31] 哈耶克. 法律、立法与自由：第 2 卷. 邓正来，等译. 北京：中国大百科全书出版社，2000：223-224.
[32] 周濂. 哈耶克与罗尔斯论社会正义. 哲学研究，2014（10）：93.
[33] 金里卡. 当代政治哲学. 刘莘，译. 上海：生活·读书·新知三联书店，2004：132.
[34] 同 [8]159-160.

[35] 同 [18]116-117.
[36] 同 [8]121.
[37] See FREEMAN S. Can Economic Liberties Be Basic Liberties? http://bleedingheartlibertarians.com/2012/06/can-economic-liberties-be-basic-liberties/.
[38] See RAWLS J. A Theory of Justice. Cambridge, MA: Harvard University Press, 1999: 54.
[39] 同 [29]57-58.
[40] 同 [8]183.
[41] 同 [8]183.
[42] 参见 [37].
[43] PANESAR S. Theories of Private Property in Modern Property Law. Denning Law Journal, 2000, Vol. 15: 114.
[44] 同 [18]119.
[45] WALDRON J. The Right to Private Property. Oxford: Clarendon Press, 1988: 3.
[46] 同 [45]3-4.
[47] 同 [45]4.
[48] 同 [45]4.
[49] 同 [8]119.
[50] 同 [8]120.
[51] 参见 [8]116-117.
[52] 同 [8]264.
[53] 同 [8]264-265.
[54] 同 [8]188-190.
[55] 同 [8]193.
[56] 同 [8]192.
[57] PENNY R. Self-Respect or Self-Delusion? Tomasi and Rawls on the Basic Liberties. Res Publica, 2015, Vol. 21: 401.
[58] 同 [8]xi.
[59] 同 [8]39. 我曾经指出罗尔斯对于薄版本的经济自由观的论证存在难以克服的困难，一个可能的解决之道是，为了保证民主社会公民的第三种更高阶的兴趣，以及为了发展民主社会公民的生产性能力，可以允许将部分生产资料的所有权列入基本自由权的范畴，但为了保证"理想的历史过程观"，有必要继续将自由放任主义所珍视的契约自由排除在基本自由权之外。参见本书第五章。

9. 政治社会、多元共同体与幸福生活 [1]

据说在耶鲁大学政治系的一次例行午餐会上，政治理论家罗伯特·达尔（Robert Dahl）与罗伯特·莱恩（Robert Lane）有过这样一段对话：

> 莱恩提问达尔："你关于民主制度的好处讲得很系统，也很深入。不过如果民主制度真像你说的那么好，它应该能让生活在其中的人感到幸福，对吗？"
>
> 达尔答道："那当然。"
>
> 莱恩继续道："但是，实际情况并非如此。别国不去说它，近几十年来，咱们美国人中感到自己很幸福的人是越来越少了，而不是越来越多。" [2]

有幸旁听这段对话的王绍光教授自称因此有一种"开窍"的感觉,理由是有太多人研究民主与经济增长、民主与稳定、民主与自由以及民主与平等的关系,但似乎从来没有人探讨过民主与幸福的关系。

王绍光这样表述他之前的困惑:"美国的国父们在《独立宣言》中曾庄严宣布:'人生而平等,享有造物主赋予的一些不可剥夺的权利,包括生存、自由和追求幸福的权利。'如果追求幸福如此重要,为什么那么多研究民主的学者从来就没有探讨过民主与幸福的关系呢?"[3]

民主与幸福是否存在正相关的关系?民主作为现代政治社会的制度,能够担当提供幸福的职能吗?如果不能,我们是否就只能面临非此即彼的选择:要么在制度层面上另觅他途,寻找现代民主的替代方案,要么干脆做一个向现代性举手投降的自由主义者,因为笃信现代世界和民主制度是唯一真实和最不坏的选择,所以对意义的丧失和幸福的终结抱一种一切随他的犬儒态度?凡此种种,都是问题。

奥古斯丁(Augustinus)曾经斩钉截铁地声称:"我们都确然渴望幸福地生活。"[4]这个断言无论对古希腊雅典城邦的公民、中世纪基督教国家中的信徒,还是现代民主制度下的个体都同样为真。幸福生活从来都是人生在世的终极目的,区别只在于:幸福是什么,谁来定义幸福,以及谁来实现幸福。

本章试图澄清如下几个问题:第一,我将从斐迪南·滕尼斯(Ferdinand Tönnies)对"共同体"(Gemeinschaft)和"社会"（Gesellschaft）的经典区分出发，指出在前现代时期无论是宗教共同体还是政治共同体都意在提供终极意义和根本幸福，而现代之后，尤其是在多元主义成为现实的今天，政治层面的共同体已不复为可欲和可行的选择。第二，伴随着共同体向社会的转型，作为终极目的的幸福这一概念不仅成为私人定义的概念，而且进一步被置换成快乐、满足、成就这些稍纵即逝的主观感觉。第三，现代政治社会（如民主制度）的功能只可能承诺"消极价值"或者"中级目标"，比如一个在制度上不羞辱所有公民的正派社会（a decent society），或者一个在制度上保障公民自尊的正义社会（a justice society），除此不能要求更多。第四，无论正派社会还是正义社会都只能成就"半个社会"，如果我们接受在政治层面上不可能重建共同体的结论，那么就只能退而求其次，在伦理层面上建立多元的共同体，把幸福生活（至善生活）这样的积极价值和终极目标托付给各个不同的小共同体去实现。本章的最终结论是，试图让民主制度为个体提供现成的幸福是一个范畴错误，因为作为现代社会的主要政治形式，民主制度不可能实现共同体的功能。在现代性的背景下，如果想成就一个完整的社会，政治自由主义必须要和伦理多元共同体主义实现某种结合，前者确保个体在制度上不被羞辱乃至赢得自尊，而后者则承诺安全性、确定性、可靠性乃至幸福本身。

一、共同体与社会

滕尼斯区分"Gemeinschaft"和"Gesellschaft",这两个概念英文通译为"Community"和"Society",中文语境中没有统一译名,迄今为止已有"自然社会"与"人为社会"(吴文藻),"礼俗社会"与"法理社会"(费孝通),"共同体"与"社会"(林荣远),以及"社区"与"社会"等不同译法。[5]虽然最终的翻译仍有待斟酌,但是至少在滕尼斯那里,这两个概念之间的差异却是清楚的,它们分别意指两种不同的人类共同生活的基本形式。

所谓共同体指的是"一切亲密的、私人的和排他性的共同生活"[6],这是一种持久的和真正的共同生活,人们在共同体里与同伴一起,从出生之时起,就休戚与共、同甘共苦。共同体主要是以血缘、感情和伦理团结为纽带自然生长起来的,其基本形式包括:(1)亲属(血缘共同体);(2)邻里(地缘共同体);(3)友谊(精神共同体)。在共同体中,不管人们在形式上怎样分隔也总是相互联系的,最为典型的例子是母与子的关系。

与此相对,所谓社会则是"公共的生活——它是世界本身"[7],这是一种为了要完成一件任务而结合的社会,它是机械的和人为的聚合体。作为共同生活的一种形式,社会只不过是而且必然是一种暂时的和表面的共同生活。在社会形式里,不管人们在形式上怎样结合也总是分离的,最明显的例子就是现代社会无处不在的契约关系。

滕尼斯认为共同体在语义上几乎从来就不具备负面意义,"说坏的共同体是违背语言的含义的"，而社会则似乎在概念上天然与"人为"相连，因此"说有一种有生命的社会是自相矛盾的"。[8]

按照滕尼斯等人的观点，在人类发展史上共同体要早于社会。从"共同体"到"社会"，折射出启蒙运动对人类社会的巨大转型。[9]某种意义上，18世纪以来几种主要的意识形态——自由主义、社会主义、保守主义、民族主义以及共和主义乃是对此做出的不同反应。其中，只有自由主义（尤其是洛克式的自由主义）完全接受了从共同体到社会的转型以及由此伴生的个人主义，而社会主义、保守主义、民族主义以及共和主义则仍旧以各自不同的方式捍卫着"共同体"的理想：从阶级团结、共享公民资格到共同的种族血统或者文化认同，不一而足。威尔·金里卡指出，一个意味深长的对比是共产主义（communism）和20世纪80年代兴起的共同体主义（communitarianism，又译社群主义），前者认为只有通过彻头彻尾的社会革命去改造世界才能建立起全新的共同体，而后者却相信共同体从未真正消失，它一直存在于共同的社会习俗、文化传统以及社会共识中，因此我们不必重新建构共同体，而只需尊重和保护旧有的共同体，让人们安心接纳旧有的已知世界。[10]共产主义与共同体主义对于"共同体"的不同理解提示我们，虽然从共同体到社会的转变几乎是一个不可逆的潮流，但对于共同体的创建或者重建的努力从未停止过，并且一个全然人为的共同体在概念上是矛盾的，在现实后果上更可能是危险的。

与马克斯·韦伯（Max Weber）区分正当性的三种类型一样，滕尼斯对于共同体和社会的区分也是一种理想类型（ideal type）。虽然在概念和语义上共同体与社会、礼俗与法理、有机与机械、契约与身份、自然与人为看似存在非此即彼的二元对立，在实质上却并非截然两分，而是你中有我、我中有你，相互蕴含。滕尼斯曾经明确指出，真正的社会生活总是摇摆于这两种类型之间。[11] 因此在借用这个概念框架进行分析时，我们必须时刻保持理论的自觉，既不因为在共同体和社会之间缺少泾渭分明的界限就轻易放弃这个分析框架，也不因为共同体与社会在表面语义上的龃龉就陷入非此即彼的简单对立中。

　　滕尼斯虽然在理论上对共同体和社会做出了卓有成效的区分，但是这两个概念的具体定义却始终聚讼纷纭。一百多年来，社会学家提出了多达九十余种"共同体"的定义，以至于一些学者认为从来就没有什么共同体理论，也没有关于什么是共同体的令人满意的定义。然而正如阿米塔伊·埃齐奥尼（Amitai Etzioni）所指出的，"不能被定义"是一个令人厌倦的说法，姑且不论理性、民主和阶级这样的复杂概念，即便是在精确定义椅子这样的简单概念时我们也会遇到重重困难，但这并不意味着我们因此就要放弃椅子这个概念。[12] 尼采曾经指出只有非历史性的事物才能够被定义。这话要想言之成理，必须在"定义"之前加上"普遍"。我们的确很难对历史性的概念如理性、民主、阶级和共同体进行柏拉图意义上的"普遍定义"，但这并不意味着我们就无法对之进行定义，更不意味着我们就只能遵循"意义即使用"的思路去探讨它们的意义。因为像理性、民主、共同体这些超级概念除了植根于日常语言的沃土，还另有理论建构的规范性源头以及不同文化传统的经验差异。在政治哲学的研究过程中，对概念的语法考察工作必须与理论规范和现象描述工作多头并进，缺一不可。只要我们牢记所有的定义不过是理论探讨的起点而非终点，是依据但不是标准，则大可不必放弃对历史性的事物下定义的努力。

按埃齐奥尼的观点，共同体由两个基本要素组合而成：

  A. 它是一群个体内部情感-满溢（affect-laden）的关系，这种关系总是彼此相互交织和加固（而不是纯粹的一对一，或者链条式的个体关系）；B. 它是对一组共享的价值、规范和意义，以及一种共享的历史和身份认同的一定程度的承诺，简言之，是对一种特定文化的一定程度的承诺。[13]

埃齐奥尼承认上述定义仍有不少可以商榷的地方，但它至少点出了共同体两个最为核心的要素：纽带和共享价值。这个定义还进一步提出了一个对当代经验尤为重要的观察，即共同体不必然是地域性的。

纽带不仅是关系，而且是非利益计算的、"情感满溢"的关系。母与子因为与生俱来的血缘关系而具有不言而喻的确定性关系，一般而言孩子几乎无须证明任何东西，也不管做了什么，都确信会得到来自母亲的爱与帮助。宗教共同体在某种意义上是对血缘共同体的翻版。《圣经·路加福音》第十五章的浪子比喻即是在劝诫世人,上帝对于人类的爱有如父亲对于儿子的爱,无论儿子如何浪荡挥霍,只要浪子回头、迷途知返,父亲的怀抱就永远向他敞开。来自上帝的爱是一种绝对的安全感和确定感,获得它的条件只有一个:那就是你必须放弃离乡背井、自由追寻幸福的任何企图,只要你保持那份单纯与天真,安于接纳旧有的世界,你就可以拥有毋庸置疑的确定感,并且无忧无虑、幸福快乐地生活下去。

二、共同理解与共识

家庭是所有共同体的原型,家庭的纽带关系也是最为自然而然、不言而喻的。滕尼斯认为旧的共同体与现代社会之间的区别在于,前者的所有成员都享有"共同理解"。

滕尼斯所说的共同理解在概念地位上类似于现象学的生活世界。哈贝马斯认为现代社会的最大病症即在于工具理性对生活世界的殖民化导致沟通理性一直处于"被压制、被扭曲和被摧毁"的境地。哈贝马斯将沟通行动定义为以达成理解为导向的行动。所谓达成理解,意味着沟通行动的参与者对表达的有效性达成同意,而所谓同意,就是对说话者给出的三种有效性宣称达成主体间的认同。[14]但是根据日常经验可知,为了达成共识与同意,参与者除了必须满足三种有效性宣称,还必须不断地对自身所处的情境做出修正、探讨和共同定义。换言之,要想通过沟通行动最终达成共识,就必须引入生活世界(滕尼斯意义上的共同理解)

作为沟通行动的补足概念。[15]

需要特别指出的是，流俗观点倾向于认为上下在手的共同理解或者生活世界是完全自然地生长起来的，这是一个极具误导性的陈词滥调。没有哪个共同体（包括家庭共同体）的共同理解是如空谷幽兰般自然生长起来的，它或多或少都是通过某种刻意的教化、培育和灌输产生的，那种自然而然的感觉只对经过数代人的社会化和道德内化的个体才是不言而喻的。《理想国》中，苏格拉底声称为了维护城邦的正义与稳定，让护卫者、辅助者和工匠们安守本分、各归其位，就必须重述腓尼基人有关金银铜铁的那个"荒诞传说"。格劳孔听完苏格拉底的陈述，说了一句意味深长的话："不，这些人是永远不会相信这个故事的。不过我看他们的下一代会相信的，后代的后代子子孙孙迟早总会相信的。"[16]

现代社会的问题在于，曾经是理所当然、不成问题的生活世界不断地脱落成专题化的意见以及成问题的观点。传统的"共同理解"不但早已坍塌，而且不再有人能够讲述使后世子孙迟早会相信的故事，也不再有人会毫无理由地笃信这种故事，故事刚一起头就被骨子里具有怀疑主义倾向的听众用各种解构和反讽的手段消解掉了。现代性的流动本质让一切坚固的东西（共同理解）都烟消云散，而那些必须要经过艰难斗争才能争取到的"共识"未及固化就已经过期或者质变。

也许有人会反驳说，当代世界的共识与共享价值就是"自由"，这话自然不错。以赛亚·伯林在区分积极自由和消极自由的时候,特别指出自由具有内在的价值,而不是实现某种其他价值的手段;但与此同时,伯林承认对于个人幸福而言自由只是必要条件,而不是充分条件。换句话说,在回应伦理问题——我如何能够过上幸福人生时,自由更像是一种"构成性"和"维护性"的价值,它并不承诺某一特定的具体答案,而是向任何答案敞开可能性。王绍光援引美国《独立宣言》来表达他对民主和幸福的关系的困惑,可谓目光独具,然而他忽视了一点,美国国父们向美国公民承诺的只是"追求幸福的权利",而不是"现成的幸福本身"。这表明现代政治社会中的幸福应当而且也只能被主观和私人地定义。在现代社会惝惶奔走的自由个体一方面苦苦追问"幸福在哪里",一方面死死咬定这是"我要的幸福"。真正的问题在于,让没有能力获得幸福的孤独个体拥有自由追求幸福的权利,是否意味着幸福的必然丧失?

三、幸福的丧失与重获?

西格蒙德·弗洛伊德(Sigmund Freud)认为"文明"就是交易:为一种必要的、心爱的价值,牺牲另一种值得珍视的价值。[17] 从共同体到社会的转型,同样可以称为交易:为了自由牺牲确定性。[18] 用自由去替代确定性,看起来只是两种同样值得珍视的价值的"物物交换"。但是替代品之为替代品,正在于它永远都不可能完全承担起替代物的功能。作为共同生活的同质性基础,契约关系是如此之薄,它无法承担起情感满溢的纽带所能提供的确定性和幸福。

20世纪90年代初期，随着苏东政权垮台和冷战结束，历史终结的福音一度四处流传，然而到了90年代晚期，前美国国家安全顾问兹比格涅夫·布热津斯基（Zbigniew Brzezinski）却发出了如是疑问："民主胜利了，自由市场制度胜利了。但是紧随这一伟大的意识形态胜利背后的信念实质是什么呢？西方民主国家的人们现在真正信奉的是什么呢？……是享乐主义的相对主义？……我认为这种空虚，这种潜在的空虚——如果尚不是现实的话——也是危险重重的！"[19]

晚近兴起的政治自由主义，虽然意在为多元主义社会奠定一个稳定的政治架构，但是在回应道德虚无和伦理幸福如何可能等问题上却愈显羸弱。罗尔斯指出："政治自由主义的问题是：在一个由自由而平等的公民——他们因各种合乎理性的宗教学说、哲学学说和道德学说而产生了深刻的分化——所组成的稳定而公正的社会长治久安如何可能？这是一个政治的正义问题，而不是一个关于至善的问题。"[20] 这一立场意味着至少在政治制度层面上政治自由主义放弃了对至善问题的回答。

与此形成鲜明对比的是，现代社会之前的所有政治共同体几乎都建立在功能异乎强大的全能教义之上。这种全能教义在确保自然和历史整体一致的同时，为日常生活的一言一行、人生价值是什么、个人的德性与理想做出事无巨细、无所不包的整体安排。在这样的共同体中，美好生活与正义社会、伦理学说和政治学说都是浑然一体的，也正因如此，政治共同体才能为其成员提供确定性和幸福感。

正如威廉·巴雷特（William Barrett）所指出的，古希腊的哲学不是一门特殊的理论学科，而是一种具体的生活方式，它"是对人和宇宙的总体看法，个体的人据此度过他的一生"。[21]在城邦里，关于你应该如何生活的所有问题都有答案。虽然这意味着公民缺少私人生活，城邦的宗教、习俗和公共生活深入到私人领域的方方面面直至最细微的毛细血管。但与此同时，一切都是各归其位、按部就班的，公民只要悉心遵循既定的宗教、习俗和法令，哪怕不必然赢得幸福，也会拥有从摇篮到坟墓的绝对确定性和安全感。而当马其顿帝国取代古希腊城邦共和国之后，"城邦生活提供的完整性的感觉"[22]便不可避免地失去了。

与此相似，中世纪的宗教同样不只是一个神学体系，而是人们赖以生存的坚实的心理基质，这种基质"环绕着个体从生到死的全部生活，以圣礼和仪式把一切普通的和特殊的事物都囊括起来，并使之神圣化"，随着宗教的衰微，人们也就"失去了从心理上维系直接经验正当性的一整套象征、形象、教义和仪式"。[23]就此而言，宗教的衰微不单纯是一个思想事件，而是一个生活事件，它意味着整体性生活方式的坍塌，上帝从此不亏欠人类什么东西，他"已经使人们自立，并告诉他们去寻找自己的方式"。更为糟糕的是，在消费至上和娱乐至死的现代社会，作为终极目的的幸福这一概念已经退化和被置换成快乐、满足、成就这些稍纵即逝但无伤大雅的观念。启蒙运动带来了光明却没能赶走严寒，驱散了黑暗但没能带来温暖。

唯当一个而且是唯一的那一个全能教义有效控制政治共同体的时候，日常生活的方方面面才有可能被彻底安顿下来，并与目的性的最高价值（如幸福、卓越）或者超越存在（如上帝）发生关联，并由此获得充沛的意义。全能教义确保自然与历史成为整体，它讲述关于宇宙论和存在论的完整故事。只有完整的故事才有明确的意义，或者换句话说，意义依附于完整性。而在诸神之争的多元社会里，各种全能教义不断照面并且相互揭穿，曾经扎实牢靠的日常直接经验也就如水银泻地般四处散落，再也无法拾掇为一个整体。

行文至此，我们似乎一直在哀挽共同体的解体与幸福的丧失。但是历史的经验同样告诉我们，共同体并不像滕尼斯和雷蒙·威廉斯（Raymond Williams）认为的那样天然就具有正面的意义。共同体的一面是善良、容忍、友爱、确定性和幸福，另一面则是封闭、不宽容、压迫、排他和不自由。关于自由和确定性的辩证关系，鲍曼有一段极为精彩的论述，他说：

> 确定性总是要求牺牲自由，而自由又只有以确定性为代价才能扩大。但没有自由的确定性与奴役无异（此外，如果确定性中没有注入自由，最终将证明是很不确定的确定性）；而没有确定性的自由也与被抛弃和被丢失无异（如果自由中没有确定性的注入，最终证明只能是极不自由的自由）。因为没有解决办法，这种情况令哲学家感到头痛。这种情况还使得人类相处充满冲突，因为自由名义下被牺牲的确定性，

往往是其他人的确定性；而确定性名义下被牺牲的自由，也往往是其他人的自由。[24]

一些人的解放总是离不开对另一些人的压制，共同体对于同质性的偏执追求必然会导致对异质性的绝对排挤。在这个意义上，从共同体到社会的转型，意味着解放尽可能多的人，同时压制尽可能少的人，乃至近乎不压制任何人。事实上，罗尔斯之所以会从《正义论》转向《政治自由主义》，恰恰是因为罗尔斯充分意识到，哪怕政治社会是统一在康德、密尔甚至他的《正义论》时期的理性自由主义基础之上，只要这种理论仍是一种所谓的全能教义，并且运用国家力量去强行推行，都必然会对自由而平等的公民造成"压制的事实"。

尤其在国家存亡绝续的关头，建立压制性与排他性的政治共同体就会成为首选目标。正像杰弗里·威克斯（Jeffrey Weeks）所指出的：

> 事实上，共同体最强烈的感觉，可能来自那些发现他们集体性地生存的前提条件受到了威胁的群体，以及那些从这一威胁中建立起一种身份共同体，以此提供强烈的抵抗感和权力感的群体。由于看起来无法控制那种他们发现自己置身其中的社会关系，人们把这个世界缩小到他们的共同体的规模，并在政治上依据这一基础而行动。这样造成的结果就常常是，作为面对或解决不测事件的一种方式的过分的排他主义。[25]

把"非常真实的个体的脆弱和虚弱"重新塑造为"想象的共同体"——如民族共同体和种族共同体——是20世纪政治实践的主流之一，卡尔·施米特（Carl Schmitt）所谓的敌友之分也是基于这样的原理。而政治自由主义之所以在许多保守主义者看来天真又孱弱，原因正在于：首先，罗尔斯始终是以常态政治作为思考的对象，而不考虑例外情况，更不把例外情况夸大成常态情况；其次，罗尔斯希望用一个薄版本的正义原则来尽可能多地包容他者，由此建构起来的注定只能是现代意义的政治社会，而不是传统意义的政治共同体。

四、正派社会与正义社会

综观现代西方政治史，只有一种民主制度试图在制度上回答幸福问题，那就是斯大林式的极权民主。极权民主有几个特色：（1）政治与社会的区分不存在，国家的统治力可以穿透社会生活的所有方面；（2）权力高度集中，不相信制衡原则，不容许多元社会存在；（3）遵奉一套僵化的意识形态；（4）一党专政；（5）以群众运动的方式维持动能，配合严密控制的媒体以推行统治；（6）利用秘密警察或其他机制进行恐怖统治。[26] 极权民主是以创建新共同体的理念在设计政治制度，但这样的答案显然有着常人难以承受的后果。

问题的关键或许在于，虽然幸福生活和至善生活是人生在世最重要的议题，但最重要的议题不一定是最首要的议题。而政治自由主义之所以在某种程度上是可取的，正因为它清醒地认识到，在回答何谓美好人生之前必须先行回答"我们应该如何生活在一起"——美好生活的问题必须放在如何生活在一起的问题框架下才可能得到真正的回答。更进一步，共同体式的共同生活形式，因为情感满溢的纽带发生断裂、共享价值的坍塌、共同理解和生活世界的丧失而不复可能，在诸神之争的多元主义时代，Gesellschaft 意义上的政治社会才是我们可欲且相关的选择。

如果政治社会必须要放弃回答美好人生这个最重要的问题，它能够回答或者承诺什么呢？阿维沙伊·马加利特（Avishai Margalit）在《正派社会》（*The Decent Society*）中指出，荣誉（honor）和羞辱（humiliation）在人类生活中占据核心位置，荣誉的核心概念是自尊，不过他认为荣誉和自尊的获得还不是最为紧迫的问题，这个时代最为紧迫的问题是建立一个在制度上不羞辱任何人的正派社会。[27]

为什么把正派社会的特点消极地表述为不羞辱，而不是积极地表述为尊敬其成员，乃至让成员获得幸福生活？马加利特认为有三个理由可以作答：一个是道德上的，一个是逻辑上的，一个是认知上的。其中道德的理由在于马加利特深信在铲除恶与增进善之间存在严重的不对称关系。消除令人痛苦的恶远比创造让人愉悦的善更为紧迫。羞辱是一种让人痛苦的恶，而尊敬则是一种善。因此消除羞辱应该优先于给予尊敬。[28]

马加利特的这个观察虽然是经验性的，却是一个能被广泛接受的前提。简单探讨一下羞辱与羞耻（shame）这对相生相伴的概念或许有助于我们更好地了解这一论题。

有社会学家把传统中国称作"耻感社会"(shame society)，事实上对于任何一个乡土社会或者地缘共同体来说，耻感都是道德的核心观念。陈少明认为，从《说文解字》到各种现代中文辞书，耻的含义往往被界定为辱或羞。"任何当事人都是具有特定身份的具体的个人。社会学家把特定的身份称为角色，每种角色都有相应的行为规范。角色换成传统的字眼就叫名，而相应的规范就是名分。一个人表演好自己的角色，就是称职，即声誉好，会得到他人的好评。反之，要是不能满足社会的角色期待，甚至公开做背叛角色的行为，那就是不称职，甚至是不名誉或渎职。不名誉之举即是做可耻之事。"[29]

柏拉图、亚里士多德的"功能"(ergon)概念在政治哲学的意义上与中国传统的"名分"概念颇有类似之处。在《理想国》中柏拉图这样论述他的正义观："每个人必须在城邦里执行一种最适合他天性的职务。""正义就是只做自己的事而不兼做别人的事。""当生意人、辅助者和护国者这三种人在国家里各做各的事而不相互干扰时，便有了正义，从而也就使国家成为正义的国家了。"[30] 这个让现代人有些费解的正义观念正是源于与角色、名分类似的概念"功能"。柏拉图相信"任何东西都有一种特有的功能，某个工作或者只有它能做，或者它做得比其他更好"。[31] 所以唯当每个人都了解自己的"功能"是什么，尽心尽力做好它，不僭越、不出格，这个社会才是正义和稳定的。也正是基于"功能"和名分观念，传统的政治共同体才能在美好生活和正义

9. 政治社会、多元共同体与幸福生活　　235

生活、伦理与政治之间融会贯通、浑然一体。

在传统意义的政治共同体中,每一个人都有自己的名和分,只要他们恰如其分地扮演好自己的角色,实现自己的特定功能,就是好人,就会获得确定性和安全感乃至幸福和至善的人生。反之,一个没能很好履行自己功能的人就是不称职的人、不名誉的人和可耻的人。那些因为未能很好履行自己的功能、未能恰如其分地扮演好自己的角色的成员会产生羞耻感——"耻自己之不善",而且在小规模的熟人共同体中这种羞耻感体现得尤为强烈。陈少明指出:"在陌生人面前出丑与在熟人面前出丑相比,其狼狈程度是很不一样的。……关系越密切者,耻辱感就越强。所谓辱没门风,就是指个人的不体面行为,给整个家族造成的名誉损害。"[32] 这个观察提示我们,在关系疏离的陌生人面前人们的羞耻感会相对淡漠,这一方面是因为此时人们的角色、身份和功能是模糊的,另一方面是因为我们与周遭世界不存在情感满溢的纽带关系,在大规模的陌生人社会中,我们随时可以从偶然的关系中抽身离去。

在大规模的陌生人社会中,不仅"耻自己之不善"的羞耻感会减弱,而且"施自己的不善于他人并使之耻"的羞辱行为会增多。如果说传统共同体的一个职能就是营建"羞耻感",那么现代政治社会的重要职能就是"防止羞辱行为",特别是防止在制度上羞辱任何人。某种意义上,我们可以把营建"羞耻感"以及在私人关系上不羞辱他人视作伦理和道德的主题,而把在制度上不羞辱任何人视作政治的主题。马加利特认为:"在一个民主社会里，政治制度正是因为可以起到保护社会成员不受自由市场羞辱的作用而得到证明的。这包括重视贫困、无家可归、剥削、恶劣的工作环境、得不到教育和健康保障等。"[33]

马加利特指出，相对正派社会而言，罗尔斯的正义社会是一个更高的标准。实现正派社会的政治策略不仅非常不同于实现正义社会的策略，而且相比实现正义社会的机会而言，马加利特对建立一个正派社会的机会要更乐观一些。[34]

在罗尔斯看来，社会是一种为了相互利益的合作冒险，在一个正义的社会里，"基本自由权被认为是理所当然的，并且由正义保障的权利不受制于政治交易或社会利益的计算"。[35]罗尔斯的正义二原则主要适用于社会的基本结构。它们可以指导对权利和义务的分配，以及对社会经济利益的分配。在社会基本结构层面上分配的都是所谓的基本善，基本善是"每一个理性人都被推定想要的东西，无论一个人的理性生活计划是什么，这些善通常都是有用的"。[36]基本善最初的清单包括权利、自由、机会、收入和财富，但是罗尔斯修正了自己的观点，指出"最重要的基本善也许是自尊"。[37]

罗尔斯一方面认为"自尊由社会所认可的所有人的平等公民身份来保障"，而"物质手段的分配则根据程序正义的观念自行安排"[38]；另一方面又认识到"这一想法很可能无法得到彻底的贯彻。在一定程度上，人们的自我价值感会依赖于他们的社会地位和收入份额"[39]。按慈继伟的观点，罗尔斯在探讨自尊概念时呈现出来的论述困难将引导我们把自尊与资源和利益的分配联系在一起:"我们需要重新界说正义的作用:正义不仅要解决人们为争夺物质资源而发生的冲突,更重要的是要解决人们为争夺构成自尊基础的社会条件而发生的冲突。"[40] 这意味着,如果沿着罗尔斯的论证思路继续推论,就有可能得出这样一个结论:在正义二原则之间并不存在所谓的字典式排序,"如果在一个社会里,收入和地位构成自尊的基础,那么,对这个社会来说,差别原则的重要性就不一定亚于最大限度的平等自由原则。也就是说,正义的两项原则不应该有固定的优先顺序,而应该根据影响自尊的具体因素来决定"。[41]

不过,无论怎样解释罗尔斯的理论目标,有一点是确定无疑的,那就是他期望建立的正义社会不仅是一个自由、平等的理性公民长久互惠的社会,更是一个能够在制度上保障所有人的自尊的社会。当然,关于"制度上保障所有人的自尊"的实质内容还有待进一步的探讨。

作为消极性的目标,无论正派社会还是正义社会都不保证人们在其中必然获得幸福生活或者至善生活。要义在于,一个正派社会或者正义社会不一定是美好的社会,但是一个不正派或者非正义的社会一定是不美好的社会。如果我们既不怀抱乌托邦的梦想企图回到古典,也不彻底抹杀启蒙运动的成就,那么就应该直面共同体到社会的转型以及个人主义的议题。在这个意义上,建立一个正派社会或者正义社会或许是我们在政治制度层面上最相关和最可行的选择。一个政治社会能够也应当保障的是"消极性"的价值,比如"不羞辱"或者"自尊",制度性的建设应该做到这一点也只能做到这一点,任何越界行为都会导致难以估量的恶果。

五、多元共同体

无论正派社会还是正义社会都只能成就"半个社会"[42]。如果我们接受在政治层面上不可能重建共同体的结论,那么就只能退而求其次,在伦理层面上建立多元的共同体,把幸福生活(至善生活)这样的积极价值和终极目标托付给各个不同的小共同体去实现。

事实上,大大小小的共同体的创建工作从未停止,只不过当旧有的、传统的、曾经自然生长的共同体坍塌之后,"从现在起,所有的同质性必须通过筛选、分离和排斥,从大量杂乱的多样性中精选出来;所有的一致性都需要被创造,'人为制造出来的'和谐是唯一行之有效的形式。共同理解只能是一种成就(achievement),而这种成就,又是在经历曲折漫长的争论和说服工作,以及在与无限的其他潜在性进行艰苦的竞争之后才实现的……"[43]

鲍曼相信,这种经由艰苦谈判、反复争取而来的共同体,"无论它控制得多么牢固,也无论它的代言人和提倡者用什么话语来描绘它——像滕尼斯和雷德菲尔德所用的'自然而然''不言而喻'——也不会达成协议。它必然免除不了进一步的反思、质疑和争论;甚至恰恰相反,它可能形成一种活络合同(rolling contract）的状态，这种需要同意的协议必须定期更新，任何一次更新、续签都不能保证下一次的更新和续签。"[44] 这种活络合同虽然意在提供一种确定性，但在事实上带来的却是更大的不确定性，正像鲍曼在另一个文本中所指出的："与昔日的不确定性不同，当今的不确定性……是制造出来的，因此，愈益明显的是，生活在不确定性中，呈现为一种生活方式，并且是唯一可行的生活方式"。[45]

鲍曼这个颇显悲观的结论只对于那些无中生有的新型（新兴）共同体而言才有效。比如因兴趣相投而组成的减肥共同体或者网络上的虚拟共同体，由于其共享价值过于单薄，纽带不够牢靠，成员可以随意出入，所以这些联合体没有资格称作共同体，它们只是一些定期更新的"活络合同"。

在文化多样性和全球化的背景下，重建共同体的努力面临两方面的挑战。一方面，我们必须修正"共同体"的定义和属性，对于可能的共同体形式要有更为自由的想象力；另一方面，我们需要对现代性的伟大成就、如今已经恶化成肿瘤的极端个人主义进行疗治。个人主义被视为自由主义的核心价值，但是激进的功利型个人主义已经给现代社会造成了极具破坏性的后果。共同体主义者（如桑德尔）认为自由主义者必须要为此承担责任，因为他们主张所谓的"无拘束的自我"（unencumbered self）或者"不受羁绊的自我"（disengaged self）。我相信共同体主义者的这个批评对多数自由主义者来说是夸大其词了。

的确有一些自由意志主义者和无政府主义者认为，由于个体自主性与任何压迫性的政治制度和权威在逻辑上都不兼容，因此唯一的出路是无政府主义。但是多数自由主义者都不会接受这个极端结论。更为中正平和的观点或许是这样的：只要我们生活在联合体中就必然要依从于这样那样的他人意志，可是依从并不一定意味着自主性的彻底丧失，恰如主张自主性不意味着要斩断与周遭的所有关联。我甚至愿意说，不存在不受制于任何他人意志的自主性，任何人在成长的过程中，都或多或少、或明或暗地受到家长、朋友、社会、国家等的意志影响。如果我们承认从来就不存在赤裸裸、无拘无束的自主性，那么我们就要在另一个意义上考虑自主性，我称之为"可修正的自主性"。

可修正的自主性既不主张原子式的个人主义，也不试图破坏所有的社会纽带。它所强调的重点在于，尽管我们每个人从出生到死亡时时刻刻都处在与他人意志的复杂关系之中，但是作为个体，我有自由和权利对任何其他意志与权威进行评估和质疑，并且，当我做出某一个判断或者行动时，最终的认可来源于我的自我决定。这是一种弱意义的自主性，这种弱意义的自主性虽然仍旧以个体利益作为思考的原初起点——没有人能够比我更了解我的利益，因此也就没有人能够代替我判断哪一种利益更适合我——但是它不否定社会历史情境对于个体的构成影响，不拒绝共同利益的概念，也不排斥忠诚、团结、友爱这样的共同体主义价值，更不抗拒"共同体"或者"传统"概念。弱意义的自主性不认为个体的自主性应当每时每刻、自始至终贯穿于个体的判断、行动与生活——这既不可能也不必要。它所主张的毋宁是，当个体最终做出判断和行动时它是基于个体的认可的。并且，个体有形成、修改和完善这种认可的能力和权利。一言以蔽之，这种自主性意味着"个人应该享有理性评估和修正自己现有目的的自由"。[46]因为认为任何有价值的生活都必须是源于内心的生活，而强调个人的自我决断，不仅能更好地促进个体的自我利益的获得，还将带来任何强迫性生活所不具备的自尊感。

可修正的自主性在下述意义上试图消除"消极自由"概念可能带来的负面影响：我们应该在政治生活上坚持消极自由，拒绝来自国家意志、集体意志和某种规律的政治干涉，但是在伦理生活中，我们不应反对那些"真实的""更高的""理想的"自我的积极影响。当然，问题的关键仍在于，哪一种自我是更真实、更高和更理想的？对此一个简单的回答是，我们只能深入特定共同体的共同理解中去寻找答案。

六、小结

无论"社会"还是"共同体"，都是"共同生活"的一种形式。不管是基于"社会"聚合而成的"我们"，还是基于"共同体"团结起来的"我们"，都是对"同质性"的某种承诺，而同质性则必然意味着他者的存在以及被排斥。就此而言，问题的关键在于，我们根据什么样的理由排斥他者，又根据什么样的共享价值来团结"我们"。

在价值多元化已经成为现实的现代世界，如果承认每个人都是拥有"形成、修正以及理性地追求善观念的能力"的自由平等的个体,那么在政治层面上最可欲的共同生活形式就只能是"社会":要么是在制度上不羞辱任何人的正派社会,要么是在制度上保障每个人的自尊的正义社会。而那些希望在共同生活中体验到确定性、归属感和幸福的人则可以在政治社会的制度框架下面团结成各种复合多元的共同体。

回到王绍光的困惑,我们可以一言以蔽之地回答他:民主和幸福之间本就没有必然关系,试图在民主制度中寻找幸福本身就是缘木求鱼。但这并不意味着我们就该抛弃民主制度。事实上,民主制度(政治社会)与多元共同体无论在理论上还是现实中都是相容的,它们各自成就一半的社会,前者保障正义和在制度上不羞辱任何人,后者承诺更多的确定性和幸福。这或许是常态政治中最相关和最可欲的一个选择。

注释

[1] 本章初稿曾在 2007 年 11 月浙江大学举办的"第 12 届中国现象学年会"上宣读。本研究得到中国人民大学"面上项目"基金支持,项目名称为"不羞辱、自尊与幸福:当代政治哲学的伦理学目标",部门编号为"008001",项目编号为"22382089"。
[2] 王绍光. 市场、民主与幸福 // 王绍光. 安邦之道:国家转型的目标与途径. 北京:生活·读书·新知三联书店,2007:106.

[3] 同 [2]107.
[4] 转引自弗格森. 幸福的终结. 徐志跃,译. 北京:中国人民大学出版社,2003:1.
[5] 这几种译法各有千秋,"共同体"与"社会"以及"社区"与"社会"的译法在形式上与英译更加对仗,表述上也更接近于专名而非描述语,同时也是目前国内社会学界更为普遍接受的译法。但是"自然社会"与"人为社会"特别是"礼俗社会"与"法理社会"的优点则在于,它们一语中的地点出了"Gemeinschaft"和"Gesellschaft"之间的主要差异,使读者仅从字面意思就能大致捕捉到这一区分的精髓所在,不像"共同体"与"社会"还需要做更进一步的定义和说明。不过综合考虑之下,我决定还是采用"共同体"与"社会"这个译法,不仅是因为它们在行文上更为简洁,而且因为把 Community 译为"共同体"更能与汉语政治哲学界的通译保持一致。
[6] 滕尼斯. 共同体与社会. 林荣远,译. 北京:商务印书馆,1999:52. 我在援引时对译文稍有修改。
[7] 同 [6]53.
[8] 同 [6]53. 雷蒙·威廉斯在《关键词:文化与社会的词汇》中也指出,Community 似乎从来没有用作负面的意涵,并且不会被赋予明确的反对意涵或具有区别性的意涵。
[9] 英国 19 世纪法学家亨利·梅因(Henry Maine)曾经指出,"迄今为止,一切进步性的社会运动,都是一场'从身份到契约'(from status to contract)的运动"。参见梅因. 古代法. 沈景一,译. 北京:商务印书馆,1959:17.
[10] 参见金里卡. 当代政治哲学. 刘莘,译. 上海:生活·读书·新知三联书店,2004:375-377.
[11] 参见 [6]42.
[12] See ETZIONI A. Creating Good Communities and Good Societies. Contemporary Sociology, 2000, 29(1): 188.
[13] 同 [12]188.
[14] See HABERMAS J. The Theory of Communicative Action. Vol. 2. London: Heinemann, c1984-c1987: 120.
[15] 关于哈贝马斯"作为沟通行动脉络的生活世界"的讨论,可参见拙著《现代政治的正当性基础》(北京:生活·读书·新知三联书店,2008 年)第 7 章第 6 节的讨论,在此不赘述。
[16] 柏拉图. 理想国. 郭斌和,张竹明,译. 北京:商务印书馆,1995:129.
[17] 参见鲍曼. 寻找政治. 洪涛,等译. 上海:上海人民出版社,2006:8.
[18] 弗洛伊德用 sicherheit 来指称这种感觉,齐格蒙特·鲍曼认为至少需要用三个英文词才足以传达 sicherheit 的意义:可靠性(security)、确定性(certainty)、安全性(safety)。参见 [17]8-9. 我们为行文和分析的方便,仅以"确定性"来指称 sicherheit。
[19] MOMIN A R. Multicommunitarianism in A Fragmented World. Asia Europe Journal,

2004(2): 446.
[20] 罗尔斯.政治自由主义.万俊人,译.南京:译林出版社,2000:13.
[21] 巴雷特.非理性的人.段德智,译.上海:上海译文出版社,2007:5.
[22] 麦克里兰.西方政治思想史.彭淮栋,译.海口:海南出版社,2003:92.
[23] 同 [21]26.
[24] 鲍曼.共同体.欧阳景根,译.南京:江苏人民出版社,2003:19.
[25] 同 [24]123-124.
[26] 参见江宜桦.自由民主的理路.北京:新星出版社,2006:29.
[27] See MARGALIT A. The Decent Society. Cambridge, MA: Harvard University Press, 1998: 41-56.
[28] 参见 [27]4.
[29] 陈少明.明耻——羞耻现象的现象学分析//陈少明.经典世界中的人、事、物.上海:生活·读书·新知三联书店,2008:169.
[30] 同 [16]154、156.
[31] 帕帕斯.柏拉图与《理想国》.朱清华,译.桂林:广西师范大学出版社,2007:51.
[32] 陈少明.关于羞耻的现象学分析.哲学研究,2006(12):101.
[33] 同 [27]22.
[34] 参见 [27]440.
[35] RAWLS J. A Theory of Justice. Cambridge, MA: Harvard University Press, 1971: 28. 罗尔斯后来又进一步把这个表述精确化为"自尊的社会基础"。
[36] 同 [35]62.
[37] 同 [35]386.
[38] 同 [35]545.
[39] 同 [35]546.
[40] 慈继伟.正义的两面.北京:生活·读书·新知三联书店,2001:80.
[41] 同 [40]80.
[42] "半个社会"的提法要感谢江宜桦教授在一次学术会议上的提醒。
[43] 同 [24]10.
[44] 同 [24]11.一个颇为有趣的事实是,虽然罗尔斯的理论目标是为宪政民主社会设计正义原则,但是在原初状态和无知之幕背后的立约各方,却被明确告知要签订一个一劳永逸的合同而不是定期更新的活络合同。之所以强调这是一劳永逸的合同,除了在心理学意义上让理性的立约人不得不选择"最大最小值"的策略,罗尔斯更希望能够让宪政民主国家真正建立在一个全体一致的认可之上,这种全体一致性将确保宪政民主国家的统一性和稳定性。当然,罗尔斯的这个理论设想即便成立,也不足以建立起"共同体"意义上的民主国家,而只可能是"社会"意义上的民主国家。
[45] 同 [17]10.

[46] 转引自 [10]424. 限于篇幅和主题,我们无法详述自由主义和共同体主义就自我问题所展开的讨论,英文参考文献可参阅 SANDEL M. Liberalism and the Limits of Justice. Cambridge: Cambridge University Press, 1982: 183. WALZER M. The Communitarian Critique of Liberalism. Political Theory, 1990(18): 9. CANEY S. Liberalism and Communitarianism: A Misconceived Debate. Political Studies, 1992(40): 275.

参考文献

一、中文文献

[1] 笛卡尔.谈谈方法.王太庆,译.北京:商务印书馆,2006.
[2] 霍布斯.利维坦.黎思复,黎廷弼,译.杨昌裕,校.北京:商务印书馆,1985.
[3] 斯金纳.霍布斯哲学思想中的理性和修辞.王加丰,郑崧,译.上海:华东师范大学出版社,2005.
[4] 麦金太尔.追寻美德.宋继杰,译.南京:译林出版社,2003.
[5] 蒯因.语词和对象.陈启伟,等译.北京:中国人民大学出版社,2005.
[6] 德沃金.至上的美德.冯克利,译.南京:江苏人民出版社,2007.
[7] 亚里士多德.尼各马可伦理学.廖申白,译.北京:商务印书馆,2003.
[8] 余纪元.德性之镜:孔子与亚里士多德的伦理学.林航,译.北京:中国人民大学出版社,2009.
[9] 努斯鲍姆.善的脆弱性.徐向东,陆萌,译.南京:译林出版社,2007.
[10] 密尔.功利主义.叶建新,译.北京:九州出版社,2007.
[11] 柏拉图.理想国.郭斌和,张竹明,译.北京:商务印书馆,1995.
[12] 哈耶克.法律、立法与自由:第1卷.邓正来,等译.北京:中国大百科全书出版社,2000.
[13] 哈耶克.法律、立法与自由:第2卷.邓正来,等译.北京:中国大百科全书出版社,2000.
[14] 哈耶克.致命的自负.冯克利,等译.北京:中国社会科学出版社,2000.
[15] 哈耶克.经济、科学与政治——哈耶克论文演讲集.冯克利,译.南京:江苏人民出版社,2003.
[16] 罗尔斯.正义论.何怀宏,何包钢,廖申白,译.北京:中国社会科学出版社,2009.
[17] 哈耶克.自由秩序原理:上册.邓正来,译.北京:生活·读书·新知三联书店,1997.
[18] 金里卡.当代政治哲学.刘莘,译.上海:生活·读书·新知三联书店,2004.
[19] 罗尔斯.作为公平的正义.姚大志,译.上海:生活·读书·新知三联书店,2002.

[20] 博格.罗尔斯：生平与正义理论.顾肃，刘雪梅，译.北京：中国人民大学出版社，2010.
[21] 哈耶克.通往奴役之路.王明毅，冯兴元，等译.北京：中国社会科学出版社，1997.
[22] 皮尔逊.拆散福利国家——里根、撒切尔和紧缩政治学.舒绍福，译.长春：吉林出版集团有限责任公司，2007.
[23] 桑德尔.民主的不满.曾纪茂，译.南京：江苏人民出版社，2008.
[24] 鲍曼.共同体.欧阳景根，译.南京：江苏人民出版社，2003.
[25] 金里卡.自由主义、社群与文化.应奇，葛水林，译.上海：上海译文出版社，2005.
[26] 慈继伟.正义的两面.北京：生活·读书·新知三联书店，2001.
[27] 卢梭.忏悔录：第二部.范希衡，译.徐继曾，校.北京：人民文学出版社，1985.
[28] 塞西尔.保守主义.杜汝楫，译.马清槐，校.北京：商务印书馆，1986.
[29] 米克尔思韦特，伍尔德里奇.右派国家：美国为什么独一无二.王传兴，译.北京：中信出版社，2014.
[30] 托马西.市场是公平的.孙逸凡，译.上海：上海社会科学院出版社，2016.
[31] 弗格森.幸福的终结.徐志跃，译.北京：中国人民大学出版社，2003.
[32] 滕尼斯.共同体与社会.林荣远，译.北京：商务印书馆，1999.
[33] 梅因.古代法.沈景一，译.北京：商务印书馆，1959.
[34] 周濂.现代政治的正当性基础.北京：生活·读书·新知三联书店，2008.
[35] 鲍曼.寻找政治.洪涛，等译.上海：上海人民出版社，2006.
[36] 罗尔斯.政治自由主义.万俊人，译.南京：译林出版社，2000.
[37] 巴雷特.非理性的人.段德智，译.上海：上海译文出版社，2007.
[38] 麦克里兰.西方政治思想史.彭淮栋，译.海口：海南出版社，2003.
[39] 江宜桦.自由民主的理路.北京：新星出版社，2006.
[40] 帕帕斯.柏拉图与《理想国》.朱清华，译.桂林：广西师范大学出版社，2007.
[41] 施特劳斯.自然权利与历史.彭刚，译.北京：生活·读书·新知三联书店，2003.
[42] 色诺芬.居鲁士的教育.沈默，译.北京：华夏出版社，2007.
[43] 色诺芬.回忆苏格拉底.吴永泉，译.北京：商务印书馆，2007.
[44] 休谟.道德原则研究.曾晓平，译.北京：商务印书馆，2001.
[45] 休谟.休谟政治论文集.影印本.北京：中国政法大学出版社，2003.
[46] 贝克尔.论"独立宣言"——政治思想史研究.彭刚，译.南京：江苏教育出版社，2005.
[47] 洛克.政府论：下篇.叶启芳，瞿菊农，译.北京：商务印书馆，2004.
[48] 莫里森.法理学.李桂林，等译.武汉：武汉大学出版社，2006.
[49] 沃尔夫.政治哲学绪论.龚人，译.香港：牛津大学出版社，2001.
[50] 金里卡.当代政治哲学.刘莘，译.上海：上海译文出版社，2011.
[51] 侯建新."主体权利"文本解读及其对西欧史研究的意义.史学理论研究，2006

(1).
[52] 蒯因.论何物存在 // 参见蒯因.从逻辑的观点看.江天骥,等译.上海:上海译文出版社,1987.
[53] 周濂.把正义还给人民 // 邓正来,主编.复旦政治哲学评论:第二辑.上海:上海人民出版社,2010.
[54] 张世薰.扩大住宅私有与培育中产阶级:以韩国为例.叶克林,校译.学海,2009(5).
[55] 周濂.哈耶克与罗尔斯论社会正义.哲学研究,2014(10).
[56] 周濂.后形而上学视阈下的西方权利理论.中国社会科学,2012(6).
[57] 塔利.《人和公民的自然法义务》编者引言.梁晓杰,译.世界哲学,2006(5).
[58] 哈耶克.我为什么不是一个保守主义者?// 哈耶克.自由宪章.杨玉生,等译.北京:中国社会科学出版社,1999.
[59] 亨廷顿.作为一种意识形态的保守主义.王敏,译.刘训练,校.政治思想史,2010(1).
[60] 曾国祥.保守主义:一种哲学解释.台湾《政治与社会哲学评论》,2006(9).
[61] 沃勒斯坦.三种还是一种意识形态?——关于现代性的虚假争论.杜丹英,王列,译.马克思主义与现实,1999(1).
[62] 王绍光.市场、民主与幸福 // 王绍光.安邦之道:国家转型的目标与途径.北京:生活·读书·新知三联书店,2007.
[63] 陈少明.明耻——羞耻现象的现象学分析 // 陈少明.经典世界中的人、事、物.上海:生活·读书·新知三联书店,2008.
[64] 陈少明.关于羞耻的现象学分析.哲学研究,2006(12).
[65] 布策提.色诺芬的修辞术与《回忆苏格拉底》中的正义观 // 刘小枫,陈少明,主编.色诺芬的品味.北京:华夏出版社,2006.

二、英文文献

[1] WILLIAMS B. Ethics and the Limits of Philosophy. Cambridge, MA: Harvard University Press, 1985.
[2] TIERNEY B. The Idea of Natural Rights: Studies on Natural Rights, Natural Law and Church Law, 1150-1625. Atlanta: Scholars Press, 1997.
[3] GEUSS R. Philosophy and Real Politics. Princeton, NJ: Princeton University Press, 2008.
[4] POGGE T. World Poverty and Human Rights: Cosmopolitan Responsibilities and Reforms. Cambridge: Polity Press, 2008.
[5] DWORKIN R. Is Democracy Possible Here? Princeton, NJ: Princeton University Press, 2006.
[6] ARISTOTLE. Nicomachean Ethics.
[7] TOMASI J. Free Market Fairness. Princeton, NJ: Princeton University Press, 2012.
[8] PLATO. The Republic.

[9] SEN A. The Idea of Justice. Cambridge, MA: Harvard University Press, 2009.
[10] RAWLS J. A Theory of Justice. Cambridge, MA: Harvard University Press, 1999.
[11] FREEMAN S. Rawls. London: Routledge, 2007.
[12] WALDRON J. The Right to Private Property. Oxford: Clarendon Press, 1988.
[13] RAWLS J. A Theory of Justice. Cambridge, MA: Harvard University Press, 1971.
[14] RAWLS J. Justice as Fairness. Cambridge, MA: Harvard University Press, 2001.
[15] SCHMIDTZ D. Elements of Justice. Cambridge: Cambridge University Press, 2006.
[16] GAUS G. The Order of Public Reason. Cambridge: Cambridge University Press, 2011.
[17] RAWLS J. Political Liberalism. New York: Columbia University Press, 1996.
[18] SANDEL M. Justice: What's the Right Thing to Do? London: Penguin Group, 2009.
[19] RAWLS J. Lectures on the History of Political Philosophy. Cambridge, MA: Harvard University Press, 2007.
[20] NASH G H. Reappraising the Right: The Past & Future of American Conservatism. Wilmington, Del.: ISI Books, 2009.
[21] ALLITT P. The Conservatives. New Haven, CT: Yale University Press, 2009.
[22] NASH G H. The Conservative Intellectual Movement in America since 1945. Wilmington, Del.: ISI Books, 2006.
[23] KIRK R. The Conservative Mind. Eastford: Martino Fine Books, 2015.
[24] HAYEK F A. The Road to Serfdom. CALDWELL B, ed. Chicago: The University of Chicago Press, 2007.
[25] KIRK R. The Essential Russell Kirk: Selected Essays. Wilmington, Del.: ISI Books, 2006.
[26] BRENNAN J. Libertarianism. Oxford: Oxford University Press, 2012.
[27] VALLENTYNE P, STEINER H, eds. Left-Libertarianism and Its Critics: The Contemporary Debate. New York: Palgrave Macmillan, 2000.
[28] ROTHBARD M N. Power and Market: 4th ed. Auburn, AL: Ludwig von Mises Institute, 2006.
[29] HABERMAS J. The Theory of Communicative Action. Vol. 2. London: Heinemann, c1984-c1987.
[30] MARGALIT A. The Decent Society. Cambridge, MA: Harvard University Press, 1998.
[31] SANDEL M. Liberalism and the Limits of Justice. Cambridge: Cambridge University Press, 1982.
[32] MILL J S. Utilitarianism, Liberty, and Representative Government. London: J. M. Dent & Sons Ltd., 1947.
[33] TIERNEY B. The Idea of Natural Rights—Origins and Persistence. Northwestern Journal of International Human Rights, 2004, Spring, Volume 2.
[34] TIERNEY B. Natural Law and Natural Rights: Old Problems and Recent Approaches. The Review of Politics, 2002, 64(3).
[35] KRIES D. In Defense of Fortin. The Review of Politics, 2002, 64(3).

[36] TIERNEY B. Author's Rejoinder. The Review of Politics, 2002, 64(3).
[37] BENTHAM J. Anarchical Fallacies//WALDRON J ed. Nonsense upon Stilts: Bentham, Burke and Marx on the Rights of Man. London: Methuen, 1987.
[38] UYL D D, MACHAN T R. Recent Work on the Concept of Happiness. American Philosophical Quarterly, 1983, 20(2).
[39] FISOGNI V. Interview with Martha Nussbaum. A Parte Rei, September, 2005.
[40] RASMUSSEN D B. Human Flourishing and the Appeal to Human Nature. Social Philosophy & Policy, 1999, 16(1).
[41] KUKATHAS C. Hayek and Liberalism//FESER E ed. The Cambridge Companion to Hayek. Cambridge: Cambridge University Press, 2006.
[42] SKELTON N. Constructive Conservatism: II The New Era. Spectator, May 5, 1923.
[43] SKELTON N. Constructive Conservatism: III—Problem and Principle. Spectator, May 23, 1923.
[44] FRANCIS M. A Crusade to Enfranchise the Many: Thatcherism and the "Property-Owning Democracy". Twentieth Century British History, 2012, 23(2).
[45] SKELTON N. The Safeguarding of British Democracy. English Review, July, 1926.
[46] SKELTON N. Constructive Conservatism: I—Architect or Caretaker. Spectator, April 28, 1923.
[47] JACKSON B. Property-Owning Democracy: A Short History//O'NEILL M, WILLIAMSON T, eds. Property-Owning Democracy: Rawls and Beyond. Oxford: Wiley-Blackwell, 2012.
[48] SKELTON N. Constructive Conservatism: IV—Democracy Stablized. Spectator, May 19, 1923.
[49] DIQUATTRO A. Rawls and Left Criticism. Political Theory, 1983, 11(1).
[50] KROUSE R, MCPHERSON M. Capitalism, "Property-Owning Democracy", and the Welfare State//GUTMANN A, ed. Democracy and the Welfare State. Princeton, NJ: Princeton University Press, 1988.
[51] O'NEILL M. Liberty, Equality and Property-Owning Democracy. Journal of Social Philosophy, 2009, 40(3).
[52] FREEMAN S. Capitalism in the Classical and High Liberal Tradition. Social Philosophy & Policy, July, 2011.
[53] BRENNAN J, TOMASI J. Neoclassical Liberalism//ESTLUND D, ed. The Oxford Handbook of Political Philosophy. Oxford: Oxford University Press, 2012.
[54] RON A. Visions of Democracy in "Property-Owning Democracy": Skelton to Rawls and Beyond. History of Political Thought, 2008, 29(1).
[55] SHAPIRO D. Why Rawlsian Liberals Should Support Free Market Capitalism. Journal of Political Philosophy, 1995, 3(1).
[56] FREEMAN S. Illiberal Libertarians: Why Libertarianism Is Not a Liberal View. Philosophy & Public Affairs, 2001, 30(2).

[57] SHAPIRO D. Liberal Egalitarianism, Basic Rights, and Free Market Capitalism. Reason Papers, 1993, 18(Fall).
[58] HABERMAS J. The Inclusion of the Others: Studies in Political Theory. CRONIN C, GREIFF P, eds. Cambridge. MA: MIT Press, 1998.
[59] BARROS D B. Property and Freedom. New York University Journal of Law & Liberty, 2009, 4(36).
[60] NICKEL J W. Economic Liberties//DAVION V, WOLF C, eds. The Idea of a Political Liberalism: Essays on Rawls. New York: Rowman and Littlefield, 2000.
[61] NAGEL T. Rawls on Justice. Philosophical Review, 1973, 82(2).
[62] SCRUTON R. Hayek and Conservatism//FESER E ed. The Cambridge Companion to Hayek. Cambridge: Cambridge University Press, 2006.
[63] CLITEUR P B. Why Hayek is a Conservative. Archives for Philosophy of Law and Social Philosophy, 1990, 76(4).
[64] PIRIE M. Why F. A. Hayek is a Conservative//BUTLER E, PIRIE M, eds. Hayek on the Fabric of Human Society. London: Smith (Adam) Institute, 1987.
[65] GOLDBERG J. Foreword to the New Edition//MEYER F S, ed. What is Conservatism? Wilmington, Del.: ISI books, 2015.
[66] CHAMBERS W. Big Sister is Watching You. National Review, December 28, 1957.
[67] EDWARDS L. The Conservative Consensus: Frank Meyer, Barry Goldwater, and the Politics of Fusionism. First Principles Series, 2007, No. 8.
[68] BIRZER B J. More than "Irritable Mental Gestures": Russell Kirk's Challenge to Liberalism, 1950-1960. Humanitas, 2008, Volume XXI, Nos. 1 and 2.
[69] ROTHBARD M N. Frank S. Meyer: The Fusionist as Libertarian Manque//CAREY G W, ed. Freedom and Virtue: The Conservative/Libertarian Debate. Wilmington, Del.: ISI Books, 2004.
[70] RAEDER L C. The Liberalism/Conservatism of Edmund Burke and F. A. Hayek: A Critical Comparison. Humanitas, 1997, 10.
[71] MANSFIELD H C. Burke's Conservatism//CROWE I, ed. An Imaginative Whig: Reassessing the Life and Thought of Edmund Burke. Columbia, Missouri: University of Missouri Press, 2005.
[72] ARNHART L. Friedrich Hayek's Darwinian Conservatism//HUNT L, MCNAMARA P, eds. Liberalism, Conservatism, and Hayek's Idea of Spontaneous Order. New York: Palgrave Macmillan, 2007.
[73] GAUS G. Property//ESTLUND D, ed. The Oxford Handbook of Political Philosophy. Oxford: Oxford University Press, 2012.
[74] PANESAR S. Theories of Private Property in Modern Property Law. Denning Law Journal, 2000, Vol. 15.
[75] PENNY R. Self-Respect or Self-Delusion? Tomasi and Rawls on the Basic Liberties. Res

Publica, 2015, Vol. 21.
[76] ETZIONI A. Creating Good Communities and Good Societies. Contemporary Sociology, 2000, 29(1).
[77] MOMIN A R. Multicommunitarianism in A Fragmented World. Asia Europe Journal, 2004(2).
[78] WALZER M. The Communitarian Critique of Liberalism. Political Theory, 1990(18).
[79] CANEY S. Liberalism and Communitarianism: A Misconceived Debate. Political Studies, 1992(40).
[80] SYSE H. From Natural Law to Human Rights—Some Reflections on Thomas Pogge and Global Justice//FOLLESDAL A, POGGE T, eds. Real World Justice. Dordrecht: Springer, 2005.
[81] LISTER A. The "Mirage" of Social Justice: Hayek Against (and For) Rawls. 2011. http://social-justice.politics.ox.ac.uk/materials/SJ017_Lister_MirageofSocialJustice.pdf.
[82] ARTHUR D. Hayek & Rawls. 2014. http://evatt.org.au/papers/hayek-rawls.html.
[83] BUNGAY F. John Rawls, Margaret Thatcher, and Property Owning Democracy. 2013. http://bleedingheartlibertarians.com/2013/04/john-rawls-margaret-thatcher-and-property-owning-democracy/.
[84] FREEMAN S. Can Economic Liberties Be Basic Liberties? http://bleedingheartlibertarians.com/2012/06/can-economic-liberties-be-basic-liberties/ .
[85] MANSFIELD H C. The Future of Conservatism: An Argument for a Constitutional Conservatism. Heritage Foundation, April 1, 2009. http://www.heritage.org/political-process/report/the-future-conservatism-argument-constitutional-conservatism.
[86] ARTHUR D. Rawls versus Hayek. Political Theory, 1986, 14(2).
[87] WILL W. Is Rawlsekianism the Future? 2006. http://www. cato. org/blog/rawlsekianism-future.
[88] KIRK R. A Dispassionate Assessment of Libertarians. CAREY G W, ed. Freedom and Virtue: The Conservative/Libertarian Debate. Wilmington, Del.: ISI Books, 2004.

图书在版编目（CIP）数据

正义与幸福/周濂著.—北京：中国人民大学出版社，2018.6
ISBN 978-7-300-25776-1

Ⅰ.①正… Ⅱ.①周… Ⅲ.①政治哲学 Ⅳ.①D0-02

中国版本图书馆CIP数据核字（2018）第095039号

正义与幸福
周濂 著
Zhengyi yu Xingfu

出版发行	中国人民大学出版社				
社　　址	北京中关村大街31号		邮政编码	100080	
电　　话	010-62511242（总编室）		010-62511770（质管部）		
	010-82501766（邮购部）		010-62514148（门市部）		
	010-62515195（发行公司）		010-62515275（盗版举报）		
网　　址	http://www.crup.com.cn				
	http://www.ttrnet.com（人大教研网）				
经　　销	新华书店				
印　　刷	天津中印联印务有限公司				
规　　格	145mm×210mm 32开本		版　次	2018年6月第1版	
印　　张	8.375 插页1		印　次	2019年8月第2次印刷	
字　　数	167 000		定　价	58.00元	

版权所有　侵权必究　印装差错　负责调换